20世紀思想を読み解く

人間はなぜ非人間的になれるのか

塚原 史

筑摩書房

20世紀思想を読み解く【目次】

20世紀思想を読み解く——人間はなぜ非人間的になれるのか

3・11のクロニクル——文庫版序文に代えて

†9・11から3・11へ

二〇世紀最後の年、二〇〇〇年に刊行された旧著『人間はなぜ非人間的になれるのか』（ちくま新書）の増補改訂版を、二〇一一年秋に『20世紀思想を読み解く』と改題して文庫化する機会を得て、この一〇年あまりの時間をふりかえるとき、それがまず、9・11から3・11へという二つのカタストロフ（災厄）の間の年月だったことに、あらためて気づかされる。太平洋を遠く隔てて起こった9・11の場合と異なり、私たちはまさに3・11の当事者だった。そこで、この序文では、二〇一一年三月一一日以後数ヵ月間の出来事や思想の言葉を、かぎられた個人的体験の範囲で想い起こしながら、3・11のクロニクルの記述を試みてみたい。

9・11と3・11という二つの日付は、もちろん、二〇〇一年九月一一日午前、ニューヨークの世界貿易センターの双子の塔に、イスラム過激派に乗っ取られた二機のハイジャック機が激突し、三〇〇〇名近くの人命が失われたあの事件と、二〇一一年三月一一日午後、日本列島東北部の太平洋岸を襲ったマグニチュード9という東日本大震災（地震と津波の犠牲者数は半年後の二〇一一年九月現在で死者・行方不明者を合わせて二万を超える）、そして、その直後に発生した福島第一原子力発電所の水素爆発を伴う深刻な事故という、二つの歴史的な出来事のことだが、旧著執筆のきっかけとなった視点から再考すれば、二一世紀もまた「非人間的」な時代として始まったことを認めないわけにはいかない。

9・11の系列では、このときのアルカイダによる同時多発テロは、その直後の二〇〇一年一〇月七日に始まったアメリカの反撃（「不朽の自由作戦」と名づけられた多国籍軍のアフガニスタン侵攻）を引き起こし、さらにジョージ・W・ブッシュ政権が二〇〇三年三月二〇日に開始したイラク戦争をへて（二〇〇六年一二月三〇日、かつての独裁者サダム・フセイン処刑）、その後のバラク・オバマ政権によるアフガニスタン戦争の継続と二〇一一年五月二日のアルカイダ最高指導者オサマ・ビン・ラディン殺害へといたる惨劇をもたらした。その間の軍人と民間人の死者数は、数万あるいは数十万に上るだろう。

3・11へとつながる自然の脅威としては、二〇〇四年一二月二六日、インドネシアのスマトラ沖で起こったマグニチュード9・1という史上最大級の巨大地震が巨大津波を発生させ、インド洋岸の一四ヵ国で二二万を超える死者を出した（この地域ではその後も大地震が頻発し、死者はさらに万単位で増えた）。二〇〇八年五月一二日には、中国内陸部の四川省でマグニチュード8・0の大地震があり、死者・行方不明者は七万を超えた。さらに、二〇一〇年一月一二日、カリブ海のハイチ共和国で起こったマグニチュード7・0の大地震では、死者はその後の伝染病による死者も合わせて三一万を超えたという（ハイチ政府発表）。日本でも、二〇〇四年一〇月二三日の中越地震（マグニチュード6・8）で六八名、二〇〇七年七月一六日の中越沖地震（マグニチュード6・8）で一五名が亡くなっている。

飛行機事故も後を絶たない。主要なものだけでも（9・11は除く）、二〇〇一年一一月一二日、ニューヨークでは、アメリカン航空機事故で二六五名、二〇〇六年七月九日、ロシア、イルクーツクでは、シベリア航空機事故で一二五名、二〇〇八年八月二〇日、マドリッドでは、スパンエア航空機事故で一五三名、二〇〇九年六月一日、ブラジル領海では、エール・フランス航空機事故で二二八名、二〇一〇年四月一〇日、ロシア、スモレンスクでは、ポーランド政府専用機事故で当時のポーランド大統領を含む九六名が死亡している。

あるいは、規模としてはもっと小さな、だが同時代の人びとに深刻な心の傷を残した無差別な暴力による殺戮も忘れられない。一九九九年四月二〇日、アメリカ、コロラド州コロンバイン高校の銃乱射事件では一三名、二〇〇七年四月一六日、ヴァージニア州ヴァージニア工科大学の銃乱射事件では三三名、二〇一一年七月二二日、ノルウェイ、ウトヤ島の銃乱射事件では、直前にオスロで起こった同一犯による爆破事件とあわせて、九二名が犠牲になった。日本でも、二〇〇八年六月八日、東京秋葉原で起こったトラックの暴走とナイフによる無差別殺傷事件では、七名が生命を奪われている。

こうして、この一〇年ほどの間に起こった大小さまざまのカタストロフを思い出すだけでも、私たちの生きる現代がけっして平和で安全な時代ではないことが実感される。だが、3・11は、今あげたようなテロや天災とは異質な「非人間性」、つまり人間の知性が、人間には完全に管理できないパワーを解き放つという未知の状況へと私たちを引きずりこんだという意味で、他の「非人間的」な出来事とはまったく異なる状況を出現させている。もちろん、原子力発電所の前例のない深刻な事故のことだ。

なぜ深刻かといえば、二〇一一年三月一一日金曜日の東日本大震災以後の事態がこれまでと異なるのは、原発事故による放射能の拡散によってもたらされた不安の日常化が、その後も見えない膜のように、日本の社会全体を覆っているという感覚が消えそうにないからではないだろうか。

一九九五年二月二二日、私は、吉本隆明氏との東京新宿での公開討論を終えたばかりのフランスの思想家ジャン・ボードリヤール（一九二九―二〇〇七）と、阪神・淡路大震災後間もない神戸三宮を訪れたことがあったが（『J・ボードリヤール×吉本隆明　世紀末を語る』塚原史、紀伊國屋書店、一九九五年参照。ボードリヤールについては後でまたふれる）、六〇〇〇名を超える犠牲者を出した日本近代史上稀な大災害の直後とはいえ、傾いたビルや散乱する瓦礫の谷間で、人びとの表情にはどこか明るささえ感じたものだった。それは、生き残ったことへの率直な安堵とともに、最悪の日々が去ったというほとんど本能的な直感を表していたように思えたのである。

けれども、それから一六年後、大地震と大津波による福島第一原発崩壊がもたらした放射能汚染の拡大と、日本中の原発が第二、第三の「フクシマ」になりかねないという潜在的脅威によって、3・11は未知の災厄が始まった日となったのであり、この災厄は、平穏な日常の復活ではなくて、日本列島の生きもの全体の「なしくずしの死」という黙示録的な結末に接続しているかもしれないのだ。

なお、カタストロフ後間もない時期のごく小さな、だが見逃せない社会的反応としては、五月初め、東京渋谷駅頭に常設展示されている岡本太郎の壁画「明日の神話」(原爆と被爆による人間と自然の破壊をテーマにした一九六八年の大作)に、フクシマ原発の壊れた建屋から吹き出る核の黒い雲を描き足したベニヤ板が追加されるというゲリラ的出来事があったが、警察に撤去されて「作品」ではなく「事件」として処理されてしまった。この年、生誕百年を迎えた岡本太郎(一九一一―一九九六)は「今日の芸術はうまくあってはいけない　きれいであってはならない　ここちよくあってはならない」と日頃から強調していたが、そんな太郎が知ったら何と言っただろうか。

†再び空港から――3・11以後と不安の時代の始まり

ところで、旧著はパリへ向うジャンボジェットを待つ深夜の空港から始まっていたのだが（本書序章）、ここで再び空港に立ち戻ることにしよう。３・11直後の成田国際空港である。

二〇一一年三月一七日木曜日の昼頃、私はパリ経由でスペインからモロッコに向うために、妻と空港にいた。震災発生六日後とはいえ、出発ロビーには、以前から予定されていた海外旅行に出かけるヴァカンス客も多く、それほど緊張感はなかったが、一角には、私たちとはあきらかに異質な集団が形成されていた。百数十人はいただろうか、白い肌の人が多く、黄色や褐色の肌もあり、老人から子どもまで、世代はさまざまだが、聞こえてくる共通の言語はフランス語だった。異質な、と書いたのは、彼らが数名の迷彩服の軍人に率いられ、ＴＶクルーがカメラを回していたからだ。この日この場所に集まった人びとは、フランス政府がチャーターした専用機で帰国するフランス人だったのである。

いったいなぜ？　もちろん、福島第一原発事故による放射能被曝の危険を避けるためだ。

私は日本人だが、ＡＦＪ（在日フランス人協会）から定期的にメールを受け取っていたので、当日朝には、次のような緊急連絡が届いていた（フランス語原文から訳出）――「在日フランス大使館からの緊急メッセージ：東京（成田）発の救援機による帰国措置の利用を希望するフランス国民は、本日二〇一一年三月一七日午前一一時成田空港第一ターミナルＤカウンターに集合してください（予約確認不要）」。

そして、その前日の三月一六日には、こんなメールもあった――「カタストロフの規模の大きさを前にして、AFJは苦境に陥っている可能性のあるすべての同国人に対する援助を保証します。〔…〕福島の原子炉建屋の一つはすでに破壊され、使用済み燃料棒貯蔵プールも同様に損傷を受けているようです。現場の放射線量は、状況のコントロール回復に必要な作業を非常に困難で、危険なものとしています。〔…〕今後南向きの風が吹けば、提供されているデータはまだ不安なものでないとはいえ、東京は放射線量の異常な増加に曝されようとしています。私たちの最初の任務は、日本との連帯という任務です。放射線防御の専門家が数時間後に〔フランスから〕東京に出発するでしょう。〔…〕第二の義務は、日本在住の私たちの同国人に対するものです。〔…〕私たちは、東京に留まることを強制されていないフランス国民に、ただちにフランスに帰国するか、日本の南部に移動することを提案します」（AFJ「原発事故の要点」二〇一一年三月一六日）。

三月一七日午後、極東の島国から本国へ避難するフランス人たちを乗せた、おそらく史上初の飛行機は成田空港を無事離陸したが、その影響もあってか、私たちが予約していたエールフランス機はパリ直行便のはずが韓国インチョン空港経由となり、インチョンで乗務員全員が交代したために、数時間遅れでパリに到着したのはマドリッド行きのトランジット便が出た後だった。翌朝、ようやくたどりついたマドリッドのホテルのTVは、東北地方の太平洋沿岸に押し寄せる巨大津波にのみこまれる家々や車の映像と、原発事故の惨状を繰り返し伝え、この時点ですでに、福島第一原発で水素爆発が起こって、1号機の燃料棒格納容器が破壊され、多量の放射性物質が飛散した可能性があることを報じていた。

次の日、マドリード、アトーチャ駅から特急で五時間半かけて、地中海西端の港町アルヘシラスに到着すると、モロッコのタンジェへ渡るフェリーの税関では、係員の若者が日本のパスポートを見るなり、胸に手を当てて哀悼の意を表してくれた。

よく知られているとおり、物理学者アンリ・ベクレルが一八九六年にウラン鉱石から放射線を検出し、マリーとピエール・キュリー夫妻が一八九八年に放射性元素ラジウムとポロニウムを発見して以来、フランス共和国は原子力の理論と実践の研究をつうじて核兵器と原発技術の開発をリードしてきたのだが、そのフランスが本国から遠く離れた日本で起こった原発事故にいち早く反応して、自国民を避難させたことは、彼らが事態の重大さを正確に認識していたことの現れだったといってよいだろう(サルコジ大統領自身が三月三一日に緊急来日している)。

ところで、日本ばかりか、世界中が不安な思いで成り行きを見守っていた3・11直後の福島第一原発では、いったい何が起こっていたのだろうか。記憶が薄らぐ前に、ここでごく手みじかにふりかえっておこう(以下の記述は、主として二〇一一年五月二六日付朝日新聞「福島第一原発、事故の推移」による)。

三月一一日:午後二時四六分—1号機で原子炉が緊急停止、二時四七分—2号機、3号

機でも緊急停止。午後三時三七分─1号機で全交流電源喪失、冷却システム停止、午後三時三八分─3号機、午後三時四一分─2号機で全交流電源喪失。午後六時頃─1号機で燃料露出。

三月一二日：午前六時頃─1号機で燃料が圧力容器の底に溶け落ち、圧力容器破壊。午後三時三六分─1号機で原子炉建屋が水素爆発。

三月一三日：午前七時頃─3号機で燃料露出。

三月一四日：午前三時頃─3号機で燃料の大部分が圧力容器の底に溶け落ち、午前九時頃─圧力容器破損、午前一一時頃─3号機で水素爆発、午後六時頃─2号機で燃料露出。

三月一五日：午前六時一〇分─2号機で水素爆発。午後八時頃─2号機で燃料の大部分が圧力容器の底に溶け落ちる。

三月一六日：午前四時頃─2号機で圧力容器破損。

こうして、わずか五日あまりで、ほとんど完全にコントロールを失った原発事故の結果、ウラン換算で広島に投下された原爆の二〇倍以上の放射性物質が周囲の環境に放射されたのだった（二〇一一年七月末、東京大学アイソトープ総合センター長、児玉龍彦教授が衆議院厚生労働委員会で行った発言による）。そして、三月一二日から一五日にかけて、三度の水素爆発をきっかけとして日本列島に拡散し始めた目に見えない放射性物質が、私たちの社会に、未知の不安の時代を開くことになったのである。

二〇一一年三月一六日、フランスの代表的メディア『ルモンド』紙電子版は「地震と津波の後で、日本と世界は原子力の大規模な災厄の不安を体験しつつある」として、カタストロフの心的外傷の研究で知られるフランスの精神科医クリスチアン・ナヴァール博士（ノルマンディ地方のルーヴレー医療センター勤務医で、『カタストロフの心理学──犠牲者とともに過ごした一〇年』などの著書がある）のインタビューを掲載した。そこで、博士が原発事故直後に拡がった不安について、こう述べていたことは二重の意味で注目される。

「ルモンド：カタストロフ以後の日本人の反応について、どのように見ていますか。

クリスチアン・ナヴァール：地震と津波のショックは比較的問題なく吸収されたようです。日本人はずっと以前からショックに備えてきたし、自己防衛の反射的行動と非常に強固な連帯感をあてにすることができるのです。もちろん、心的外傷をもたらす喪の意識は存在しますが、それはすでに体験済みのものです。

ルモンド：今日（日本）では、原子力の脅威のほうが、より多くの不安を引き起こしているように感じられますが、そのことをどのように説明できますか。

クリスチアン・ナヴァール：原子力のカタストロフの脅威は、いっそう制御しにくいものです。というのも、この種の脅威は、この国の歴史の痛ましい出来事（広島、長崎へのアメリカ軍による原爆投下〕の記憶を呼び起こし、さらに、人間によって支配も管理もできない、目に見えない敵の不安を引き起こすことになるからです。さしあたり、集団的パニックは存在していませんが、ストレスが、ある種のめまいのような感覚を伴って、高まっているのです。〔ストレスに対処するには〕精神性や訓練の必要性を強調しても、おそらくじゅうぶんではありません。なぜなら、今回の事故は行動の指針の喪失と、死の不安をもたらしましたが、この不安には直ちに対応することができないのですから。そうはいっても、現在、カタストロフの実情が明らかになる過程で、日本人はつねに集団で支えあっています。それは、とても印象深いことです。」(〔 〕内は筆者による補足。以下同じ)

「二重の意味」といったのは、ナヴァール医師が、フクシマの事故が地震や津波のような既知の災害とは異質な、「支配も管理もできない、目に見えない敵」という未知の不安をもたらしたことを指摘しながら、敵の実体(飛散する放射性物質)については明言を避けているからである。つまり、3・11から数日後の発言とはいえ、すでにこの時点で水素爆発と格納容器の破損が世界的に報じられ、放射性物質の拡散が現実のものであることが確認されていたのであり、不安の原因は心理的な場面ではなくて、まさに物理的場面に存在していた。そんな状況で、あえて心理的不安の克服という方向性から「日本人の集団性」

を強調したのは、核兵器を保有し、八〇パーセントの電力を原子力に依存する核・原発大国フランスの「国益」を意識した発言だったせいかもしれない。とはいえ、今回の事故の直後に、フクシマによる「行動の指針の喪失と死の不安」の普遍化を博士が指摘したことは、記憶にとどめておく価値があるだろう。

†現代思想と3・11そしてフクシマ――ヴィリリオの「ナノ・テクノロジー」

二〇〇一年の9・11の場合には、その直後からデリダ、ソンタグ、ボードリヤールら西欧知識人の反応が相次いだが（本書「アフタートーク」参照）、3・11以後の、原子力による事故が引き起こした最大級のカタストロフについて、それほど目立った緊急の反応は見られなかったようだ（上記三名はすでに逝去）。そんな中で、フランスの思想家、ポール・ヴィリリオ（一九三二―　）が、二〇一一年三月一七日、フランスの雑誌『科学と未来』に寄せたインタビューは、多くの示唆に富んでいる（同年四月四日付電子版に掲載）。

ヴィリリオは、パリの国立技術工芸専門大学でステンドグラス技師の資格を取得した後（画家マティスと南仏サン・ポール・ド・ヴァンスの教会のステンドグラスを共同製作）、建築を学んで一九六〇年代にクロード・パランと「建築・原理」グループを結成し、不均衡という新たな要素を取り入れた「斜めの建築」を提案した奇才で、科学技術の加速度的発達がシステムのコントロールを危険にさらしている状況を分析する「速度学（ドロモロジー）」

という新たな知の分野を提案している（『速度と政治――地政学から時政学へ』〔市田良彦訳、平凡社〕参照）。

最近のヴィリリオといえば、想起されるのは、二〇〇二―〇三年に彼の企画で実現したパリのフォンダシオン・カルチエ（現代文化センター）の「事故（accident）の美術展」《Ce qui arrive》である。タイトルがフランス語で「予測不能な事態」を指すように、このユニークな展覧会は、タイタニック号遭難から、阪神・淡路大震災や9・11まで、巨大なカタストロフの多数の写真や映像資料を中心に構成されていた。

ヴィリリオは人類が「全面的事故」の段階に到達し、最新テクノロジーのあらゆる成果が必然的に事故の危険性を増大させる「自殺的進歩」の時代が始まろうとしていることを『自殺に向かう世界』（青山勝・多賀健太郎訳、NTT出版）ですでに指摘していたが、このときの展示は、彼自身の思想を数々の実例によって例証するものだったといえるだろう。その詳細は他の箇所（『ダダ・シュルレアリスムの時代』ちくま学芸文庫、『反逆する美学』論創社など）に書いたので、ここでは立ち入らないが、意味深いのは、慣例から「美術展」と訳した「エクスポジション」という設定について、ヴィリリオが全面的事故の段階では「受動的に事故にさらされる（エクスポゼ）」のではなくて、むしろ事故を「積極的に人目にさらす（エクスポーズ）」ことが重要なのであり、彼の「展覧会」はそのための試みなのだと述べていたことである。

二〇〇三年の展覧会に際して、ヴィリリオはチェルノブイリ原発事故に注目し、ウクライナの作家スヴェトラーナ・アレクセーヴィッチ（一九九八年に小説『哀願――チェルノブイリ、アポカリプス以後の世界の記録』を発表）を会場に招いたが、当時、ある雑誌のインタビューに応じて、こう語っていたことが思い出される

「アウシュヴィッツ、ヒロシマからチェルノブイリまで、そして予測不能な事態にいたるまで、私たちは知識の事故（l'accident de la connaissance）を体験してきたのです。私たちは自衛可能なことがらを前にしているのではありません。事故は自衛可能なものではなくて、ひとりでに起こってしまうものです。私はしばしば、ピカソの素晴らしい言葉を繰り返すことにしています。『ゲルニカ』（一九三七）の前で、ドイツ人に「これはあなたが描いたのですか」と聞かれたピカソは、こう答えました――「いいえ、あなたたちですよ」」。（『ボザール・マガジン』二〇〇二年一二月号）。

ここで「知識の事故」には、科学技術の知識の加速度的な発達がもたらした事故と、原語の connaissance に含まれる「認識」という意味から、現実認識の過信から生じる事故という両面があると思われる。またピカソの伝説的な言葉は、「事故の展覧会」の「作家」は、ヴィリリオ自身でも、事故を記録した写真家でもなくて「事故自体」だという状況を

指しているだろう。

『ゲルニカ』をめぐって、ひと言つけ加えておこう。二〇一一年三月の旅の途中、私はマドリードのソフィア王妃芸術センターで、この大作と十数年ぶりに再会することができた。ピカソの、本質を突いた鋭い言葉どおり、この絵画は一九三七年四月のドイツ空軍によるバスク地方の小都市ゲルニカへの無差別爆撃がなければ描かれなかったのだから、逆説的にいえば「あなたたち」ドイツ人の非人間的な行為が作品を生み出したことになる。この意味では、ヒトラーに協力したドイツ人画家アドルフ・ツィーグラー（当時造形美術院総裁）が同じ一九三七年に発表した三枚一組の油彩画『四元素』は、『ゲルニカ』の前では「醜悪」な裸体画として、その「非人間性」を暴露するだろう。というのも、そこに描かれた、火・水・土・風を擬人化した四人の若い白人（「アーリア人」）女性の一見美麗なヌードは、『ゲルニカ』の画家が怒りをこめて告発した、ナチの第三帝国による人間と生命の破壊という暴力的な現実を覆い隠す意思表示となったからだ（この時の旅では、『四元素』がビルバオのグッゲンハイム美術館で特別展示中だったので、二つの作品を続けて見ることができたのは意外な幸運だった）。

そして、二〇一一年には、八年前のヴィリリオの発言で予告されていた（チェルノブイリ以後の）「予測不能な事態」が起こってしまったわけだが、「私たち人間が生み出したパワーが人間に逆襲する」と題された、3・11直後のヴィリリオの発言は、およそ次のようなものだった（掲載誌『科学と未来』電子版から原文を再構成して訳出）。

「福島原発の事故は、その諸結果や世界情勢から見て、チェルノブイリ以上に大きなものになるだろう。それはグローバリゼーションの本質そのものであり、私たちは深刻な諸問題の開始に立ち会っている。健康、環境、政治、財政、経済そしてエネルギーに関する影響が出てくるだろう。エネルギーが大きな政治現象だという意味で、そうなのだが、ではいったい、どんな政治なのかといえば、それは単なる事態の解決のための政治ではなくて、事故そのものの政治だ。今回の原発事故では、事故が人間を乗り越えてしまった。私たちは、いまや私が〔「革命的」（révolutionnaire）と対比して〕「啓示的（révélationnaire）」出来事と名づけた事態に立ち会っているが、それらの出来事は人間が制御できない事態を啓示している。進歩という観念はそのことを否定するのに役立ってきた。というのも、「進歩」を語ることは「未来が現在よりよくなる」というのと同じことだからだ。ところが、今回は、進歩の〔技術的〕成功がカタストロフをもたらしてしまったのだ。〔…〕ヒロシマは前例のない出来事だった。フクシマとともに、私たちは大問題をみずからに提起することになる——〔ヒロシマ、ナガサキの〕原子爆弾で始まり、スリーマイル島の事故〔一九七九〕とチェルノブイリの事故〔一九八六〕をへて、〔フクシマ〕原発の爆発へといたったこの〔原子力という〕エネルギーは、いったい何なのか、という問題だ。私たち人間が生み出したパワーが、人間に逆襲しているのである。」

ヴィリリオの発言で印象深いのは、まず原発事故をグローバリゼーションの一環としてとらえている点だが、この場合、グローバリゼーションとは、一九八九年以降の冷戦構造の解体による唯一の超大国アメリカのヘゲモニーの増大のことではなくて、科学技術と経済発展が地球規模でスタンダード化される過程で、事故自体が「世界化」されてゆく傾向を指しているだろう。つまり、福島第一原発で起こったことは、アメリカでも、ヨーロッパでも、アジアでも、原発のある場所では、今後どこでも起こりかねないのだ。

この意味で、エネルギーの生産と管理をめぐる政治（政策）は、それ自体の狭い領域を越えて「健康、環境、政治、経済」等々のすべての政治にかかわる問題となるが、その場合、私たちはもはや問題解決のための切り札をもたず、政治自体が「出来事」の偶発性を後から追いかけることになる。こうした出来事を、ヴィリリオは（西欧近代の進歩史観の原動力となってきた「革命的出来事」に代わる）「啓示的出来事」と呼んで、人間が作り出したシステムが事故の発生をコントロールできなくなった段階では、進歩が未来の可能性を拓くという近代主義的な仮説がすでに失効していると指摘する。「啓示」とは、神の意志が顕れるという原意自体は宗教的だが、ここではもっと広く、予期せぬカタストロフをつうじて、世界と人間の実情が図らずも明らかになるという意味で用いられていることは、いうまでもない。

さらに、ヴィリリオは、広島、長崎への原爆投下が史上前例のない出来事だったのに対して、フクシマの事故は、すでにアメリカと旧ソ連（現ウクライナ）の原発事故の前例がありながら起こってしまったという点で、原子力それ自体が内包する管理不能性をあらためて暴露することになったと警告する。まさにこの意味で、フクシマでは、人間が生み出したパワーが人間に逆襲を開始したことを、ステンドグラス作家でもある私たちの思想家は、いち早く強調したのだった。

この「逆襲」がもたらす不安の本質のひとつは、「現代」という時代から「未来」の見取り図を描く可能性を奪いかねないことにあるだろう。ヴィリリオは、二〇一〇年に発表した著書『大加速者』（二〇〇九年、CERN（欧州原子核研究機構）がスイスに設置した巨大な素粒子加速装置から発想された題名）で、こう書いていた――「過去＝現在＝未来という三枚一組の絵が、まさに無時間的な瞬間の（いつ起こるか予測不能な）事故のために消滅せずにはいられないとすれば、未来の年表は、ナノ単位の極微な瞬間の連続として記されるようになり、（長続きする安定した）未来へのあらゆる信頼と信念を犠牲にして、記憶の喪失と歴史の信憑性の放棄へといたる可能性が生じることになってしまうだろう」。

今回の原発事故に直面して、私たちの社会がたとえば数十年先の未来でさえ確実な時間として思い描けず、「未来」が、数カ月か、せいぜい数年先程度の、地球の四十数億年の歴史に比べればまさに「ナノ（一〇億分の一）的」瞬間の連続の同義語になってしまいかねないという事態が生じていることを、ヴィリリオのこの言葉は巧みに予告していたと思えるほどだ。

†フクシマを語ったフランスの知識人——デュピュイの場合

ところで、私たちの国でなされた、今回の事故に関する西欧の思想家によるおそらく最初の公式発言は、二〇一一年六月三〇日東京大学駒場キャンパスのジャン＝ピエール・デュピュイ（一九四一— ）の講演だった（司会は増田一夫東大大学院教授）。デュピュイは、フランスの理系エリート校エコール・ポリテクニク名誉教授、フランス放射線防御原子力安全研究所（ＩＲＳＮ）倫理委員会委員長でもあるトップクラスのテクノクラートで、9・11の翌年二〇〇二年には、カタストロフの理性的解明をめざす『賢明な破局論のために』を発表、二〇〇六年には公式発表と現実とのギャップを暴いた『チェルノブイリから帰って——怒れる男の日記』を刊行している。

「悪意なき殺人者と憎悪なき被害者の住む楽園：ヒロシマ、チェルノブイリ、フクシマ」と題されたこの講演の内容は、核保有国の国家機関の長という講演者の社会的立場から予想されるように、ヴィリリオの「反原発」ともいえる発言とは対蹠的なものだったが、ここではクロニクルの範囲で、原発事故に関するごく特徴的な箇所だけをピックアップしておこう（事前に公開された講演原稿原文から要約して訳出。なお、この講演の邦訳書はその後『ツナミの小形而上学』と題して嶋崎正樹訳で岩波書店から刊行された）。

デュピュイは、まず西欧思想に現れた「悪」の系譜について、死・病気・事故が人間に対する神の罰とされた時代があったと述べてから、一七五五年のリスボン大地震（大津波とあわせて死者は五万人を超えた）に対するフランスの思想家ヴォルテール（一六九四―一七七八）とルソー（一七一二―一七七八）の反応を紹介している。ヴォルテールが、地震を純粋の偶然性として受け入れ、因果関係の連鎖については知り得ないとしたのに対して、ルソーは、神が人間の罪を罰したのではない、悪の主体は人間自身だと考えた。

近代思想のその後の展開は、ルソーの思想を発展させることになり、最近でも、二〇〇四年にアメリカを襲ったサイクロンやアジアを襲った大津波の場合には、天災は人災であるという判断が支配的だった。つまり、人間だけが、人間を痛めつける不幸の責任を負うのだという考え方である（ある意味では、ヴィリリオもこの方向性を共有している）。ところが、ルソーの思想とは正反対の新たな悪の理解が生まれている。一九五八年に来日した、ドイツの思想家ギュンター・アンダースは、広島・長崎の被爆者と語り合ったが、彼ら自身が最大の犠牲者であるのに、罪を負うべき者たちの責任を追及せず、原爆投下が人間（アメリカ人）のもたらしたカタストロフだったことに口をつぐみ、まるで地震か津波だったかのように話したのに驚かされたという。

ここで、デュピュイは福島原発の事故に話を進めるが、フクシマを襲った津波は原発という「檻の中の虎」を目覚めさせた。一五メートルの高さの津波は「虎」を檻から解放したのだ。西欧社会は、地球温暖化と化石燃料の枯渇からの救済手段を原発に求めたが、フクシマがこの希望に弔鐘を鳴らした。この意味で、ヒロシマは道徳的なカタストロフで、フクシマは産業とテクノロジーのカタストロフだった。ヒロシマの場合、悪は悪を犯そうという意図から生まれたが、フクシマの場合、悪は善を施そうという意図から生まれたと、デュピィは言う。反原発論者は、〔反原発の〕戦いを進めるには彼らの敵を最大級の悪役として描きだす必要があると信じているが、そうした態度が批判の力を弱めていることを、彼らは理解していない。われわれを脅かしている〔原発の〕巨大機構を操作する人びとが有能で誠実な人びとであることのほうがずっと深刻なのだ、とも彼は抗弁する。

そして、デュピュイは、講演の題名の由来でもあるギュンター・アンダースの言葉を引用している——「世界が私たちのせいで黙示録的な脅威にさらされている時点で、世界は、悪意なき殺人者と憎悪なき被害者の住む楽園のイメージを提示している。悪意の痕跡はどこにもなく、瓦礫の山があるだけだ」（このあとチェルノブイリなどの話に移るが、ここでは省略）。

デュピュイのこの発言は、原子力技術の開発自体が必然的に原発事故を生み出すというヴィリリオの見解とも、私自身の3・11直後のフクシマ理解からも、大きくかけ離れていた。まず、原子力発電所が「地球温暖化と化石燃料の枯渇からの救済手段」でも、未来の「希望」でもないことは、フクシマが「弔鐘を鳴ら」す以前からすでに知られていたことである。「原発＝救済手段」説は、原子炉の燃料であるウラン鉱石の採掘と濃縮、原発施設の建設などに伴って巨大な量のCO_2が排出され、またウラン鉱石自体の埋蔵量にも限りがあること、そして、原発が恒常的に放射性物質拡散の危険を伴い、仮にすべての原発を廃止しても、数万年、数十万年単位の厳重な管理が要求される核廃棄物からは解放されないことなどから、容易に反論されるだろうし、反原発論者は（少なくとも日本では）「敵を最大級の悪役」として描こうとしているのではなくて、原発そのものが「最大級の危険」をもたらすと警告しているのではないだろうか。

また、「〔原発の〕巨大機構を操作する人びとは有能で誠実な人びとだ」という判断も、フクシマの事故後の日本の電力会社や政府当局の対応を思えば、根拠に乏しいように思える。さらに、権力者たちが大地震多発地帯のこの列島に、数十年にわたって五〇を超える原発を造り続け、今後も造り続けようとしていたという事実を前にして、「フクシマの場合、悪は善を施そうという意図から生まれた」となぜ言い切れるのかなど、疑問は尽きない。

とはいえ、デュピュイは原発事故による放射線被曝の影響の「科学的」判定に関して、放射線照射量が長期にわたって膨大な数の人びとに拡がり、定着するとき、癌や白血病で死亡した特定の誰かを指して、その人が〔たとえば〕チェルノブイリ事故のせいで死んだとは言えなくなってしまうという事実を指摘し、当局の公式見解にひそむ「死体を隠す森」という巧妙な操作を批判してもいるので、発言自体の善意と「人間性」は明らかだ。けれども、とりわけ原子力専門家が「有能で誠実」だという彼の主張には、アメリカで原爆製造のマンハッタン計画を主導したオッペンハイマーの「物理学者たちは罪を知った。このことは彼らが失うことのできない知識である」という一九四七年の発言などを思い起こすなら、当然異論の余地もあるだろう。

ここではひとまず、後世の読者のためにも、二〇一一年六月にフランスから日本に駆けつけてくれた勇敢な知識人の貴重な発言の一部として、クロニクルの記録に留めておくことにしよう。

†「悪の知性」とボードリヤールの墓

デュピュイが東京講演で「悪」の思想的諸問題を語りながら、おそらく彼の思考パターンとはかけ離れているので、あえて名をあげなかったと思われるが、各国語に訳されて反響を呼んだ同国人の思想家の著作がある。二〇〇七年三月に七七歳で逝去したジャン・ボードリヤールが、その三年ほど前の二〇〇四年四月に刊行した『悪の知性』だ（邦訳、塚原史・久保昭博訳、NTT出版、以下の引用は同書による）。消費社会の記号論的分析で世界的に知られ、9・11以後は独自の立場から現代世界の行く末を論じた、この特異な思想家については本書の本文でも取り上げたが、『悪の知性』で、彼は意表を突く視点から、善と悪、幸福と不幸の関係について語っていた。

ボードリヤールによれば、西欧近代は、キリスト教起源の善（神）と悪（サタン）の対立を（世俗的な）幸福と不幸の対立に還元してしまった。その結果、善が富と幸福を、悪が貧困と不幸をもたらすという近代性のシンメトリー的イデオロギーは、マックス・ウェーバーが主張したように「神の最大限の栄光のために、世界を富に変換する」資本主義の巨大な企てをつうじて「善の覇権」をもたらし、「世界からあらゆる邪悪なパワーを追放して、世界を透明でオペレーショナルな〔技術的に操作可能な〕ものにすること」を実現したのだった。

『悪の知性』の著者は、こう続ける。

「人間が善であり、あるいは少なくとも文化的には改善可能だという発想にこそ〔…〕、われわれのもっとも深刻な混乱がひそんでいる。なぜなら、不幸が偶発事であり、究極的には病気や貧困のように修復可能な事故であるとしても〔…〕、悪のほうは偶発事ではない。不幸が偶発的だとすれば、悪のほうは宿命的である。悪は世界の起源から存在しているパワーであり、〔世界の〕機能不全でも残りかすでも、善の行く手をさえぎる単なる障害物でもない。」(「悪と不幸」)

したがって、「悪の知性」とは「悪しき知性」でも「悪人の知性」でもない。「悪の知性という場合、知性をもつのは悪のほうであり、悪がわれわれのことを考えているのだという意味に理解しなくてはならない――悪が、われわれのすべての行為に自動的に含まれるという意味である」と、ボードリヤールはいう。

ここで私たちの思想家が、最初期の『物の体系』(一九六八)や『消費社会の神話と構造』(一九七〇)以来、一貫して「モノ(消費社会の記号化された対象物)=客体」の側から現代社会を観察してきたことを想起するなら、ボードリヤールにとって「悪の知性」とは、科学技術の発展をつうじて世界の現状を「改善」し、人間に究極の進歩と繁栄をもたらすと自称する「善の知性」に対抗する知性であり、《人間=主体=善》の三位一体とラディカルに対決する《世界=客体(モノ)=悪》の系列に新たな光をあてる知性なのだといってよいだろう。

「悪の知性」をめぐるこの発想は、ボードリヤールが二〇〇〇年に書籍とビデオで発表した著作『パスワード』(塚原史訳、NTT出版)中の「われわれ(人間)が世界のことを考えているのではなくて、世界(人間抜きの世界)がわれわれのことを考えている」というアフォリズムを思い出させる。

ボードリヤールは、死後出版となった二〇〇八年刊行の著作『なぜ、すべてがすでに消滅しなかったのか』（二〇〇七年一月執筆、塚原史訳、筑摩書房）で、この一見不可解な命題を、人間が呼び出しておきながら人間のコントロールを超えてしまう「技術的モノ」に適用して、もっと具体的にこう述べていた。

「人間の本性が、自己の可能性の限界を越えないことだとすれば、技術的なモノの本質は、その可能性の限界を汲み尽くし、そこからはるか先にまで進もうとすることである。このことをつうじて、技術的なモノは、人間との間に決定的な境界線を引き、その機能性の無限の可能性を人間に対して拡張するので、中長期的に見れば、人間の消滅を意図しているといってよい。」

二〇世紀の波乱に満ちた歴史をつうじて、西欧近代社会を起源とする人間中心主義的な思想が「非人間的」な出来事をつぎつぎと呼び起こしてきた劇的な逆説の果てに、二一世紀初頭の9・11から3・11へといたった世界の現状は、「世界のことを考えている」はずの人間の「善意」の限界を暴露してしまった。そうだとすれば、今度は、世界とモノのほうが、人間のことを「考える」番なのかもしれない。もし、その結果が「人間の消滅」ということが、私たちにとっては最悪の選択になるとしても、それが人類以外の生物種と自然環境にとっては、おそらく最良の選択だという逆説は、残念ながら、現在の私たちには否定できそうにない。

仮に人類が静かに、つまり核戦争も原発事故の連鎖も起こさずに(かつての恐竜たちのように)消え去ってしまえば、地球温暖化はストップし、絶滅危惧種は再び繁殖を始め、自然は豊かさを回復するだろう。あとに残る巨大な廃墟や膨大な廃棄物もいつかは土に還って、人類がいなくなった後の太陽系第三惑星は、原始の豊かさを取り戻すにちがいない。もっとも、地球規模で蓄積された放射性廃棄物だけは、いつまでもこの惑星を脅かし続けるだろうが。

もちろん、私たちにはとうてい受け入れられない仮定だとはいえ、このような究極の選択肢の潜在的可能性を世界の側の「悪意」と呼ぶとしたら、それは人間の側の傲慢のあらわれに他ならないことを、私たちは3・11後の今こそ深く認識しなくてはならない。新しい人間学の探求は、そこから始まるはずである。

そんなことがふと思い浮かんだのは、二〇一一年三月末、モロッコからスペイン経由でパリに戻って、モンパルナス墓地に、二〇〇七年三月六日に亡くなったボードリヤールの墓をはじめて訪れたときだった。

よく晴れた朝で、エドガール・キネ通りに面する正門入り口から中央通路を直進し、ロータリーの右側をまわって区画の内側に入ると、周囲に立ち並ぶ堅牢な石造りの死者の館とはまったく異質な一画があった。ちょうど人ひとりが横になれるほどの小さな花壇のような空間で、墓石も台座の石もなく全面に土が盛られ、その上に季節の草花がいくつも植えられている。ささやかな箱庭といった雰囲気のこの場所は、Jean BAUDRILLARD 1929 2007とだけ刻まれた小さな白いプレートが置かれていなかったら、とても墓には見えなかったが、ここがボードリヤールのユニークな墓所だったのだ。

墓参ということもあり、私は付近の花屋で赤いプリマヴェーラの小さな鉢を買い求めていたから、普通なら墓石の上に置くところを軟らかい盛り土にそっと植え込んでみたが、そのとき、草花の間に不思議なものが見つかった。全長二、三センチほどだろうか、白いプラスチック製の男女のミニチュア人形で、ところどころに複数ずつ置かれて無言の対話を楽しんでいるかのようだ。まるで、人類が消滅した後の地球で、人間の記憶だけが、繁茂する植物群の中で微小な残像としてひそかに再生されているかのような、そんな幻覚に一瞬囚われた、パリの春の出来事だった。

ボードリヤールが遺した言葉どおり、世界が人間のことを考えている、つまり私たちをとり囲む環境世界が人類という生物種の終わりを視野に入れはじめているとしても、世界のそんな超越的な意思を変える可能性があるのは人間だけなのだから、今度は私たちのほうが、世界のことを、おそらく知性による認識と技術による加工の一方的な対象としてではない視点から、もう一度考えなおさなくてはならないだろう。

本書は、この大きすぎる企てを模索するための、ごく小さな試みなのだが、この問題に関して先人が残した予言的な言葉を、序文の最後に思い出しておきたい。日本の分子生物学研究の先駆者で、優れた思想家でもあった渡辺格（一九一六―二〇〇七）は、すでに一九七六年に、こう述べていた。

「人類は一歩一歩終焉に近づきつつある。もし人類が生存しつづけられるとしても、それは利己的で弱肉強食を旨とする、優者を自称する人間から成り立つ、恥ずべき人類が支配する世界であるか、あるいは反対に、何らかの契機によって自制の精神――ある場合には自己犠牲の精神――に富んだ人々よりなる人類に「進化」し、マイナス人間〔「恥ずべき人類」〕との共存社会がつくられているかである。生き残れるとしても、現在のわれわれのような「愛すべき俗人」ではなく、何れにしても非人間的な人類であろう。」（『人間の終焉』朝日出版社。傍点は原著者）

はじめに——「人間」という逆説

私たちはみな、自分が人間だと思っている。チンパンジーでもイルカでもないのだから、たしかにヒトにはちがいない。けれども、生物種として「ヒト」であることと「人間」であることとのあいだには、歴史的、社会的に大きなへだたりがある。

たとえば、ジャンボ・ジェットに乗ったり、船や鉄道を乗りついだり、ヒッチハイクをしたり、さまざまな方法で世界を一周してみよう。行く先々で、きっと数えきれないほどの人びとに出会うだろう。そして、肌や髪の色も、性も年齢も、人種も宗教も風俗習慣も、もちろん言語も異なる彼らと自分が「おなじ人間どうし」であることを実感するだろう。シュルレアリスムの詩人アンドレ・ブルトンの言葉のように、肌の色が白でも黒でも黄でも、「自由こそは人間の色」であることに感激するかもしれない。

けれども、地球上に散らばった多様な差異の無秩序な集合である人びとを「人間」という言葉でひとまとめにしようという発想が、世界中で共有されるようになったのは、それほど昔のことではない。一八―一九世紀のヨーロッパで、啓蒙思想と科学技術の急激な発達がきっかけとなって産業革命と市民革命が起こった。これらの出来事をつうじて出現した「近代」という社会の仕組みが、はじめてもろもろの差異の彼方に「人間」という普遍的なアイディアを構築したのだった。

この場合、「人間」とは「理性」の主体として権利と義務を引き受ける自由で平等な個人を意味していたことは、フランス革命の人権宣言にもあきらかだ。当時の反近代派の思想家ジョゼフ・ド・メストルが「私はフランス人やイタリア人やロシア人には会ったが、人間などには一度も出会ったことがない」と言い放ったように、近代以前の社会では、人びとは生まれついた場所や身分等の網の目に縛られていた。だから、普遍的「人間」という発想が可能となるためには、こうした束縛から解放される必要があった。

ところがその後、近代社会の発展をつうじて「人間」をめぐる逆説が生じることになる。近代の子である普遍的「人間」が、近代そのものの思想的展開によって「非人間的」な方向にむかいはじめるのである。二〇世紀に入る頃から、普遍性を体現する場としての「人間」をめぐる価値観の重心が、理性から無意味や無意識、個から全体や集団、「文明」から「未開」、そしてオリジナルから複製や記号へと、大きくシフトしてゆく。

このシフトの延長上に、アウシュヴィッツから高度消費社会にいたる「非人間的」な現実が出現したとすれば、いったいなぜ「人間」が「非人間的」になれたのだろうか。

この問いから、本書ははじまる。

序章

アウシュヴィッツへの旅

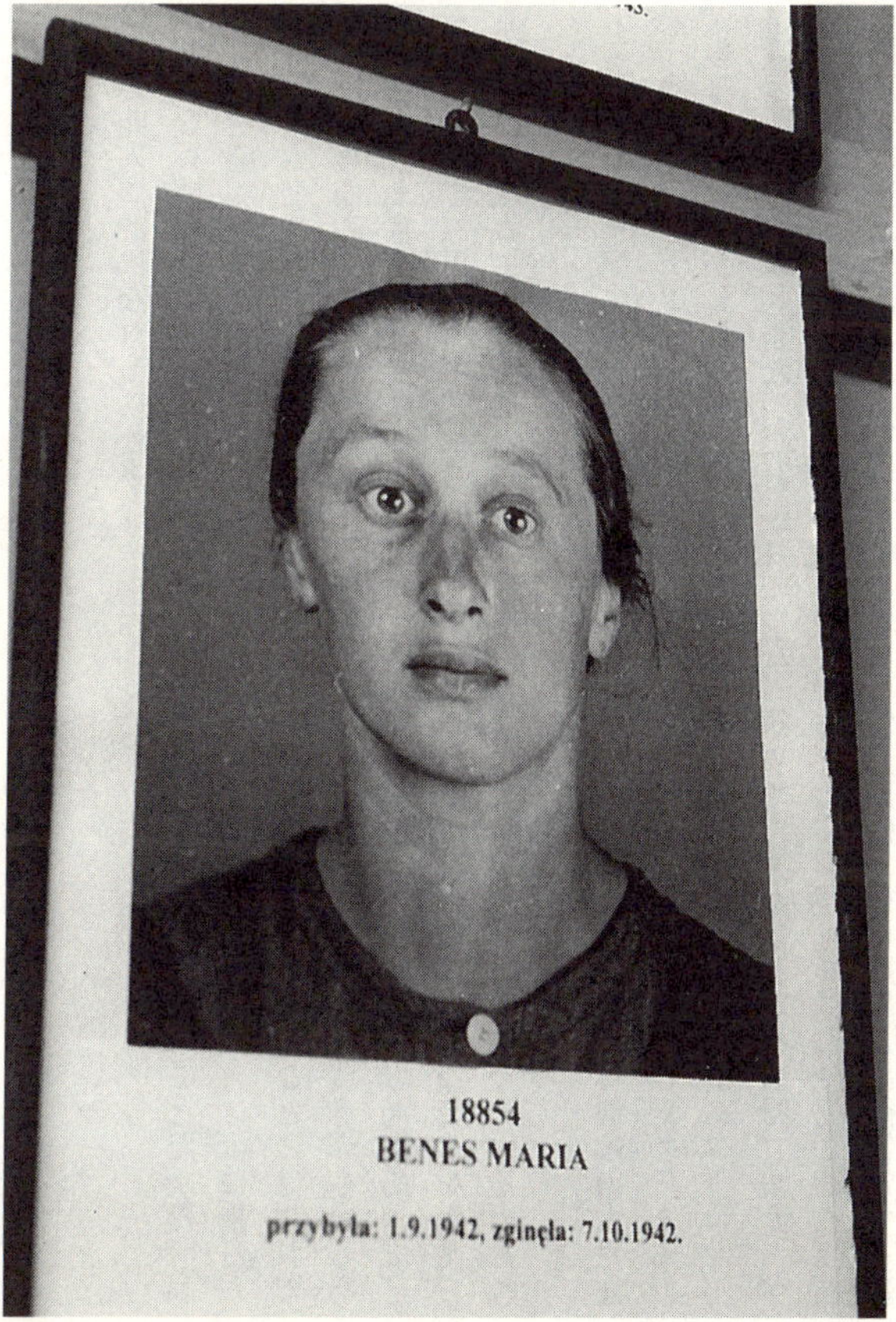

マリア・ベネス（アウシュヴィッツ）

†深夜の空港で

人間はなぜ非人間的になれるのか?

ふと、そんな疑問が浮かんだのは、二〇世紀の世紀末の、夏の終わりのことだった。私は深夜の成田空港でパリ行の便を待っていた。日本からフランスへ飛ぶジャンボに乗る人といえば、日本人とフランス人が多数派だろうという私の素朴な予想はみごとにはずれて、出発ロビーはあらゆる肌の色の人びとで埋めつくされていた。黒も褐色も黄も赤も白もあった。髪の色もさまざまで、まぶしい金髪も、縮れた茶髪も、しなやかな黒髪もあった。老人から子どもまで、男も女も、あらゆる年代の人びとが、まるではるかな時空を越えて極東の地に舞い降りるノアの方舟でも待つように、巨大なボーイングを待っているのだった。

フランス人らしい年配の婦人に声をかけて、謎はすぐに解けた。この飛行機は南太平洋の島ニューカレドニアのヌメアを出発して、成田経由でパリに向かう便だったのである。だから、あのハイブリッドな人種構成の島の住民やヴァカンス客が、東京からヨーロッパをめざす乗客をしのぐ多数派だったというわけだ。短めの白髪が美しい婦人は、夫がヌメアの発電所の技師で、年に一度二人だけの時間を持つために、現地を訪れたところだと言った。一緒に暮らせばいいのに、思わず口に出た私の言葉に、彼女は静かに微笑んで、自分も仕事があるからと答え、でもあと一年で夫が退職するから、地球を半周するこの往復もまもなく終わるだろうとつけ加えた。

婦人のおだやかな視線の奥に、けっして妥協することのない意志の力を感じて、私はなぜか、一世紀半も前のある出来事のことを思い出していた。『レ・ミゼラブル（ああ無情）』で名高いヴィクトル・ユゴーがナポレオン三世の第二帝政に追われて、英仏海峡の小島ジャージー島とガンジー島に亡命していた頃のことだ。文豪の次女アデルがパンソンという名のイギリス軍中尉に恋したのである。といってもアデルの強引な片想いだったから、二人の関係は不幸な成り行きをたどった。彼女は中尉と婚約したと勝手に思いこみ、父親に引き合わせさえするが、結局すべてはアデルの幻想にすぎず、逃げるパンソンを追って彼女はロンドンからカナダのハリファックス、さらにはニューヨークへと向かい、最後はカリブ海のバルバドス島まで放浪することになったのだ。バルバドスのアデルはもはや狂気を生きる存在というほかはなかったという。『レ・ミゼラブル』が出版されて大ベストセラーとなった一八六二年の、翌年のことである。

この美しいというにはあまりにも哀しい失恋物語は、フランソワ・トリュフォーが「アデルの恋の物語」で映画化しているから知る人も多いはずだが、そこにはちょっとした伏線があった。ユゴーには、二〇歳でセーヌ河で水死したレオポルディーヌという名の長女がいたのだ。ジャージー島で、孤独な父は長女の霊を呼び出そうとして当時流行の降霊術に凝り、霊媒として人気の高かったジラルダン夫人を呼んで「もの言うテーブル（ターブル・パルラント）」の実験を繰り返した。大きな丸テーブルの上にすこし小さめのテーブルを置き、参加者が手をつないでテーブルを包囲して「霊」の降臨を待つ。やがて、テーブルの脚がカタカタと音を立てはじめ、その音をモールス信号のように書き取って「霊界通信」を解読するという、オカルト的な集会だった。そんな体験がアデルの内面にひそかな狂気をはぐくんでいたのかもしれない。彼女に不安定な精神状態の最初の徴候があらわれたのは、降霊会が終わった一八五五年の翌年のことだったのだから。

もちろん、それから一五〇年近くもあとで、太平洋の小島からパリへむかおうとしているフランスの婦人とは何の関係もない出来事だが、私のひとりよがりの想像力は彼女の横顔に、映画でアデルを演じたイザベル・アジャーニのそれを呼び出してしまっていた。いま私の目の前にいる女性が、夫と過ごす数週間によって一年のそれ以外の時間の孤独を越える幸福を得ているのなら、幻想の恋人を虚しく追い続けたアデルも、周囲からそう思われていたほど不幸ではなかったのかもしれない、私はそんなことを夢想したのだった。

飛行機は定刻に離陸した。空飛ぶ方舟は地球の自転周期の半分ほどの時間で、乗客たちを終着地まで運んでくれるだろう。私はまた、自分に問いかけていた。

人間はなぜ非人間的になれるのか。

たとえば、現代の先端技術が出現させたこのジャンボ・ジェットの機内では、人種も、言語も、生活も異なる数百の人びとが、争うこともなく平和なひとときを過ごしている。彼らが憎しみあい、殺しあうことなど誰にも想像さえできないほどだ。それなのに、私たちの世紀は、同じ科学技術の発達によってなぜあれほど多くの人間を破壊することができたのだろうか。人間にとって、同類である人間を殺すことがもっとも非人間的な行為だとすれば、戦争がその最大の場面であることはいうまでもない。ところが、二〇世紀は二度も大きな戦争を起こしてしまったのだ。

戦死者の数を確定することはむずかしいが、かなり少なく見積もっても、軍人もそうでない者もあわせて、第一次大戦では八〇〇万、第二次大戦では四二〇〇万から五〇〇〇万の人間が、戦場や都市や収容所で殺されたという(『ラルース小事典二〇〇〇年版』による)。それだけではない。日本とロシア、スペイン、アルジェリア、朝鮮、ヴェトナム、ペルシア湾岸、コソボ等々のもっと「小さな」戦争(当事者にとっては、小さな戦争などありはしないが)の死者を加えれば、一億近い数の人命がこの一〇〇年間に、過失などではなく明白な故意によって奪われたことになるのだ。いったい、なぜ……。

†バカロレアの問題

じつは、私がこの問いに出会ったのは、これが初めてではなかった。それより一〇年ほど前に、パリで一年間暮らしたときのことだ。よく知られているように、フランスにはバカロレアと呼ばれる大学入試制度がある。一八〇八年、ナポレオン帝政の絶頂期に制定されたこのシステムは、大学ごとの個別試験に代わって全国一斉の共通試験によって合格者に大学入学資格をあたえるもので、バカロレアに受かれば原則としてどの大学にも入れる仕組みになっている。

この試験の直後だから、たしか七月初め頃だっただろう。当時ミッテラン大統領下の社会党政権で文部大臣だったジャック・ラングがテレビ番組に出演して、その年のバカロレアの「哲学」の問題についてインタビューに答えたことがあった。ジャック・ラングといえば、フランス東部の都市ナンシーで演劇祭を成功させた演劇人としても知られ、長身長髪も手伝って若者たちに圧倒的な人気のあった政治家である。例年、哲学は三問中一問選択なので、質問は「あなたなら、どの問題を選びますか」というものだった。他が何だったかは忘れてしまったが、ラング大臣は迷うことなく「私なら「人間はなぜ非人間的になれるのか」を選びますね。私たちの時代はひどく非人間的な体験に満ちているのですから」と語り、「でも、答案の書き方はむずかしいなあ」とつけ加えたのだった。

バカロレアの試験は完全な論述試験である。選択した問題について数時間かけて長文の論文を書かなければならず、日本の大学入試にすっかり定着した「小論文」などとはけたはずれの準備が必要とされる。たとえば、一九九九年のバカロレアの「哲学」では「ある芸術作品が美しいと他人に説得することができるか」という問題が、パリ大学区で出題されている。現地の予備校によるこの問題の解説は、およそつぎのとおりだ（インターネット http://www.lebac.com による）。

「「芸術作品」とは表現力に富む全体性であり、「美」とは感受性に属する鑑賞と趣味の判断である。そして、「説得」とはただ説き伏せるのではなく、実証することである。したがって、作品が美しいという場合、それが自分だけにとって美しいのか、それとも他人に対しても客観的にそのことを認識させられるのかを論証する必要がある。ある種の芸術作品が、それを「鑑賞」する能力のある者にとって美しいといえるとしても、この種の作品との関係が結局個人的な感受性にとらわれているなら、美とは主観的な判断にすぎない。そこで、美が実証され、客観的に受容され得るかどうかが論じられなければならない。答案の作成にあたっては、実際の芸術作品を数点実例としてあげることが望ましい。また、プラトン『国家』、カント『判断力批判』、メルロ＝ポンティ『眼と精神』、カイヨワ『一般美学』等を引用するとよい……」

バカロレア受験生の多くは日本の高校三年生とおなじ年齢、つまり一八歳のはずだ。自分の意志で哲学書を読んだり美術館に行ったりしたことがあるかどうかさえ疑わしい彼らに、これほどの書物や芸術作品の知識などとても要求できそうにない。それを思えば、こんな出題ができること自体、入試実務の経験者としてはちょっとした驚きではあるが、それはさておき、一〇年前の問題のほうに戻ることにしよう。

深夜の空港でこの問題のことが再び気になったのは、二〇世紀と戦争という大きなテーマに思いいたったからというよりはむしろ、「非人間的」という言葉をめぐって、すこし前にもっと小さな発見をしていたからだった。

†芸術家とは非人間的であろうとする者たちである

昔、といっても第一次大戦前のことだが、フランスにギヨーム・アポリネールという詩人がいた。一八八〇年にポーランド人女性の私生児（父はイタリアの軍人と言われる）として生まれ、ヨーロッパ各地を放浪したあげくパリに定住し、第一次大戦中はフランス軍に志願して負傷し、戦争が終わる二日前の一九一八年一一月九日にスペイン風邪で死んだ。まさに絵に描いたようなヨーロッパ人だ（じっさい、ピカソやアンリ・ルソーによるアポリネールの肖像が数多く残されている）。キュビスムからダダにいたるアヴァンギャルド芸術運動の良き理解者であり、彼自身詩と散文に、当時最先端の機械文明と都市文化への共感と、黒人芸術などに触発されたプリミティヴな感性を結びつけた独自のスタイルを確立した。日本では、女流画家マリー・ローランサンとの恋の破局を歌った「ミラボー橋」の作者として知られているかもしれない。こんな一節ではじまる詩篇である。

ミラボー橋の下セーヌは流れる
そして私たちの恋も
思い出さなければならないのだろうか
悦びはいつも苦しみのあとからやって来た

ともすればセンチメンタルな、つまり人間らしい詩人とみなされている、そのアポリネールが、一九一三年に発表した評論『キュビスムの画家たち――美的省察』で、じつは意外な場面に「非人間的」という表現を用いていたのだ。

「なによりもまず、芸術家とは非人間的であろうとする者たちである。彼らは非人間性の手がかりを苦労して探し求める。自然の中ではどこにも見つからない手がかりだ。それらこそが真実であって、それ以外には、われわれはいかなる現実も知らない。」

謎めいた逆説的な文章だ。芸術とは自然状態には存在せず、人間にしかなし得ない所業であるのだから、芸術が人間性の表現であるというなら誰も驚きはしない。だが、そうではなくて芸術家とは非人間性の探求者だというのだ。これはいったいどういうことだろうか。そんな疑問にとらわれていたせいか、あのバカロレアの問題が思い浮かんだのである。

†「人間」の発明

「人間はなぜ非人間的になれるのか」という問題に答えるためには、まず「人間」とは何かをあきらかにしなくてはならない。しかし、ジャック・ラングも「むずかしいなあ」とうなったように、それこそは哲学の根本命題であって、そう容易に接近できるものではない。とはいえ、私が自分の関心のほうに引きつけて、アポリネールの言葉を手がかりとしてこの問題を読み換えるなら、それはもっと具体的な問いかけに変貌する。

私の関心と言ったが、その対象はごく要約して言えばダダや未来派などのアヴァンギャルド芸術からポップ・アートやヴァーチャル・リアリティなど消費社会の多様な文化にいたるまで、言語とイメージのさまざまな実験をつうじて試みられた二〇世紀の芸術と思想の探求ということになる。だから、私が読み換えた場合の問題はこうだ。一〇〇年ほど前から現在にいたるアートとアイディアの展開によって、人間たち（概念としての「人間」ではなくて、時代ごとに現れては消えてゆく人びと）は、なぜ非人間的な方向（「人間」という概念を変容させる方向）に彼らの知と力をむかわせることになったのだろうか。

こうした側面から接近をくわだてるとき、「人間」というアイディアそのものが、出発点の発想からしだいに離れていった過去に気づかないわけにはいかない。ここでミシェル・フーコーの『言葉と物』（一九六六年）に依拠するのは安易すぎる選択だから、試験問題の答案なら直接の引用は避けたほうがよいかもしれないが、決定的な言葉なので、やはり挙げておくことにしよう。

「一八世紀以前には、「人間」なるものは存在しなかった。それは二〇〇年足らず前に、知という造物主がみずからつくりだした、ごく最近の被造物なのである。」

「一八世紀」が西欧の啓蒙哲学を指すことは言うまでもない。したがって、「人間」というアイディアは、「神」に代わって世界を再創造する使命をみずからに課した「知」、つまりごく大づかみにいうなら産業革命と市民革命をつうじて西欧型の近代社会を出現させた諸科学の新たな体系によって発明されたことになる。近代以前のもろもろの社会形態にあっては、人びとが身分、性、宗教、職業、地域等々の固定的な枠組みによって分断され、差別され、「普遍的人間」などという概念は存在さえしていなかったが。それが、たとえばあのフランス革命の「人権宣言」（一七八九年八月二六日）の冒頭では、高らかに謳われていることはよく知られているとおりだ。

「人間は自由で、諸権利において平等なものとして生まれ、存在し続ける。社会的差別は共同の利益にもとづかないかぎり設けられない。」

この宣言がフランス語で「人間および市民の権利の宣言」となっていることからもあきらかなように、ここで人間とは「市民」つまり「自由で、諸権利において平等な」個人を指すことはもちろんだ。それ以前の社会が過去の伝統を各人の行動規範としていた、いわば「他律型社会」だったのに対して、自由で平等な個人を中心として構成される社会は、メンバーの自由意思にもとづく契約によって成立する「自律型社会」として展開されることになる。

†理性崇拝の日々――近代的フィクションの創造

「自律的／他律的社会」などの用語は、ブルガリア出身のフランスの批評家ツヴェタン・トドロフの『記憶の虐待』(一九九五年)から借用したものだ。文学理論家として出発したトドロフは、『他者の記号学：アメリカ大陸の征服』(一九八二年)あたりからヨーロッパ文明の自民族中心主義(エスノサントリズム)を鋭く批判する立場を鮮明にしている。その彼が、ナチス・ドイツによるホロコーストを糾弾して一九九二年にブリュッセルで開かれた国際集会で、こう語った。

「誰もが知るように、ルネッサンス以降、とりわけ一八世紀末以降、ヨーロッパにはそれまでに前例のなかったタイプの社会が出現した。この社会は、もろもろの伝統と過去を無条件に評価することをやめて、過去から黄金時代を引き離し、空想社会主義者サン・シモンが言ったように、黄金時代を未来に位置づけたのだった。こうして、この種の社会は人間の諸能力のうちに占める記憶力の位置を、他の能力の利益のために後退させることになった。」

ここでサン・シモンの名前が出てくることは興味ぶかい。というのも、「アヴァンギャルド」つまり「前衛」という軍事用語を芸術家を指して最初に用いたのは、サン・シモンの高弟オランド・ロドリグだったのだ。エコール・ノルマルで数学を教え、のちに金融資本家となるこの秀才は、一八二五年に三一歳で発表した著作『文学、哲学、および産業に関する諸意見』で、科学者と産業人と芸術家の架空の対話を展開して、「芸術家」にこう語らせていた。

「あなたがたにとって、アヴァンギャルドとして役立つのはわれわれ芸術家です。〔…〕じっさい、芸術の力はとても直接的で、とても素早いものです。人びとの間に新しい思想をひろめようとするとき、われわれはそれらの思想を大理石に刻むか、カンヴァスに描けばよいのですから。」

アヴァンギャルドという発想と芸術活動を結合させようという意思表示は、すでに、「自律型」社会の成立とともに芽生えはじめていたことがわかる（もちろん、この時期の「アヴァンギャルド」は、まだ、非人間的なものには結びついておらず、むしろ、自由で普遍的な人間を支えるものであった）。そして、「自律型」の社会がかつての神（あるいは神々）に代わって採用した自己正当化のための装置は、最初期の段階では「理性」だったから、フランス革命の日々は理性崇拝の祝祭であふれていたのだった。

フランスの歴史家モナ・オズーフは『革命の祝祭』（一九七六年）で、一七八九年七月一四日のパリの民衆によるバスチーユ監獄襲撃に始まり、一七九九年一一月九日（「ブリュメール一八日」）のナポレオンによるクーデターに終わるフランス革命期の一〇年間には、「若者」「老人」「夫婦」「農業」「共和国」「人民主権」「戦勝」等々、じつに多彩な祭りが催されたことを指摘する。そして、なかでもきわだっていたのは「理性（レゾン）」とその現れである「至高存在（エートル・シュプレーム）」の祝祭だったと述べている。

ここで注目したいのは、「他律型」社会にあっては伝統的共同体の過去との結びつきを想起させるのに役立った「祭り」という行事が、フランス革命以降の展開をその典型とする「自律型」社会では、むしろ現在と未来の「進歩と繁栄」を強調するためのイベントとして利用されているという事実だ。一九世紀中葉以来今日まで、世界中で何度も繰り返されている「万国博」の思想的起源のひとつはここにあったといってよいだろう。
こうして、たとえばリオタールが『ポストモダンの条件』(一九七九年)で「大きな物語」と呼ぶことになる「歴史」(社会の矛盾と対立が止揚されて歴史が発展するという史観)や「国家」(近代化の象徴である国民国家)など、近代のさまざまなフィクションがつぎつぎに創造されてゆく。

「啓蒙主義の物語は、知の英雄が倫理的・政治的な良き目的、すなわち普遍的な平和と安定のために努力するというものだった。この場合、歴史哲学というメタ物語によって知を正当化することをつうじて、人びとは社会関係を制御する諸制度の有効性を問いなおす方向に導かれ、それらの諸制度自体もまた正当化を要請されたのだった。こうして、正義〔という価値判断〕が真理と同じ資格で大きな物語を準拠とすることになったのである。」(『ポストモダンの条件』序論。〔 〕内は筆者による補足。以下同じ)

この段階で、「人間」は「知」の英雄たちの自信作のひとつだったといってよい。このアイディアを起点に、理性的主体である個人の自由な共同体として「人間的社会」がめざされるはずだったのである。

†群衆の人

ところが、「人間」をめぐる理想と現実の乖離がその後しだいに大きくなっていったことは、一九世紀ヨーロッパの歴史が物語るとおりだ。フランスの社会学者ジャック・エリュルが述べたように(『諸制度の歴史』一九五六年)、一九世紀半ばの西欧には、農村から都市への人口集中の結果、大衆社会が出現して理性的な個人の概念がはやくもおびやかされ、「群衆」の時代が始まる。

「一九世紀中葉の《大衆社会》の出現は個人主義と矛盾しない。個人は大衆と対立せず、それどころか大衆の構成要素であるという事実と相互補完的な関係にある。社会は、大衆的でないかたちで存在するためには、強力な中間的諸集団と明確な階層秩序(ヒエラルキー)という有機的な構造をもたねばならないし、人は国家と関係をもつ以前に彼の地方的な集団と関係をもたねばならない。これらの諸要素が破壊されるとき、社会は、相互の有機的な結びつきを失い、全員が等しく国家に従属する個人の集合体によって組み立てられる〔…〕。したがって、個人主義の社会は必然的に大衆社会となる。」(『諸制度の歴史』)

こうした大衆社会が必然的に都市型社会となることは言うまでもない。エドガー・アラン・ポーが大都市の人ごみの中でしか生きられない老人をヒントに『群衆の人』を書いたのは、一八四〇年のことだった。ポーはロンドンの盛り場の夕方の雑踏で偶然目についたある老人に心惹かれ、彼の正体を探ろうとしてあとを追うが、老人は都会の迷路を軽やかに歩きまわるばかりで、結局彼が群衆の中にしか居場所をもたないことがわかる。そして、「彼こそ群衆の人だ。私はこれ以上彼について知り得ないのだから」と慨嘆するのである。

この頃から、教育や労働の現場は一気に集団化の過程をたどり、鉄道を中心とする交通形態の発達によって、都市化と集団化の傾向は一気に加速される。もっと内面的な領域では、一八七〇年代にパリのサルペトリエール病院で、精神医学者ジャン・マルタン・シャルコーがヒステリー研究に没頭する頃から、理性にコントロールされない人間のさまざまな行動への関心が高まってゆく。そして、西欧「列強」がアジア、アフリカ、オセアニアなどの非ヨーロッパ地域でくりひろげた植民地獲得競争の反映として、一九世紀末には「未開」社会の言語や文化が知的探求の対象となる。

†「知」のシフトの開始

ごく大まかな見取り図になってしまったが、自由と平等という理想を実現するために発明された「人間」という発想は、その後一世紀ほどのあいだに起こった出来事によって本質的な変容をせまられたといってよい。かつて、「知」という新たな造物主は、歴史と社会の制約を越えた普遍的な概念としての「人間」を創造した。ところがいまや、「知」の関心は、個人（主体）から集団（群衆）へ、理性（意識）から狂気（無意識）へ、「文明」（西欧）から「未開」（非ヨーロッパ地域）へと急速にシフトし始めるのだ。

この種の変化は二〇世紀の開始前後に、精神分析（フロイト『夢判断』一九〇〇年）、社会心理学（ル・ボン『群衆の心理学』一八九五年）、文化人類学（モース「呪術の一般理論の素描」一九〇三年）など、新たな人間科学の領野をひらくことになる。それらはいずれも、理性と個人を土台とする近代初期の発想からすれば「非人間的」な試みでさえあった。

さらに、一九世紀をつうじたテクノロジーの驚異的な発達の結果、自動車や飛行機から映画や照明や電話にいたるもろもろの発明が、あっという間に世界中にひろがっていく。これら機械と速度の新しい文明は、都市と室内を、人間の内なる自然に反するという意味で「非人間的」な光景で埋めつくしてしまった。

こうした事態を前提とするなら、そして芸術家が時代の感性を先取りする存在であることを想起するとき、「芸術家とは非人間的であろうとする者たちである」というアポリネールの一九一三年の言葉の意味も、すこしはあきらかになるかもしれない……。

†アウシュヴィッツへ

　そんなことを考えているうちに、ボーイングは早朝のパリに到着していた。私の行き先はもっと遠くの街だったから、シャルル・ド＝ゴール空港でプラハ行の便に乗り換えることになった。ここでも、ヨーロッパ人以外の同行者はせいぜい日本の団体客くらいだろうという早まった思いこみは、鮮やかな緑色のジャケットに小柄な身体をつつんだ数十名の若い男女のヴェトナム人たちの団体によって、あっさりと裏切られた。彼らはツーリストではなくて、技術研修のためにチェコに派遣された人たちらしかった。らしかった、というのは私たちの間の共通言語がめずらしくフランス語で、それもうまく機能しなかったせいだ。それにしても、成田の人ごみといい、彼らといい、いまや世界中で人びとが移動を開始したことを実感しないわけにはいかなかった。

　一〇年前の哲学の問題とアポリネールの逆説に導かれたのだろうか、私はアウシュヴィッツをめざしていた。三年ほどの間に六〇〇万を越えるユダヤ人がナチス・ドイツによって組織的かつ機能的に殺害されて、加害者も被害者も、人間がもっとも非人間的な存在となった現場だ。それもわずか半世紀ほど前の出来事である。死体となった被害者は消されてしまったが、彼らの記憶はけっして消えないし、加害者はまだ生き残ってさえいる。二〇世紀が終わる前にあの現場を訪れることは、ほとんど義務であるかのように私には思われたのだった。

プラハ中央駅午前六時五二分発の普通列車に乗り、誰もいないボヘミアの田園風景を通過してポーランド南部の古都クラクフへ向かったのは、日本を発ってから三日目のことだ。社会主義体制が崩壊したとはいえ、高速道路も新幹線もない地域での移動はひどく時間がかかった。直通列車に乗れなかったので、プレロフという小さな駅でウィーンから来る国際急行を待って乗り換えるはめになった。チェコとポーランドの国境では、ポーランド側の髭面の軍警官が得意そうにパスポートをとりあげ、なかなか戻してくれなかったせいもあって、三〇〇キロほどしか離れていないクラクフに着いたのは、手元の時刻表によれば午後四時二七分だった。東京からパリへ飛ぶのに近い時間がかかったことになる。せめてもの慰みは、急行の車内に居合わせたウィーンの女子学生がウンベルト・エーコの『フーコーの振り子』をフランス語版で読んでいたことくらいだったろうか。

クラクフでは、目的地へ向かうバスはとっくに終わっていたから、アウシュヴィッツ行きは翌日にした。ナチスの占領時代にドイツ総督府が置かれたこの街で、夏の終わりの長い夕暮れを、ヨーロッパ中、いや世界中から集まってきたさまざまな人びとが楽しんでいた。遅れて休暇をとったイタリア人、ニュージーランドから来た学生のカップル、それにアメリカや日本の若者たち。中世の建築とマクドナルドの赤い看板にはさまれて、ロマらしい少年がアコーディオンで弾いていたロシア民謡の響きが、一晩中耳の奥にこびりついて離れなかった。

†収容所の町

アウシュヴィッツといったが、ポーランドの地名はオシフィエンチムだ。現地の人たちが、あの不吉な名前で自分たちの町が呼ばれることを好まないのは当然だが、しばらくは歴史上の場所としてドイツ人に押しつけられた地名を用いることにする。

クラクフから南西に国道九五〇号線を数十キロほどボンネット・バスが走ると、小さな林檎の実をつけた美しい樹木に囲まれて、それは静かにたたずんでいた。二〇世紀の後半に生を受けた多くの人びとが、出来事の当事者だったはずもないのにある種の既視感とともに記憶しているARBEIT MACHT FREI（労働は自由にする）の鉄製の文字と、入口のHALT（止まれ）！と記された髑髏のマーク付きの立て札がなかったら、どこかの大学か研究所の寄宿舎かと見まちがえるほどみごとに修復された赤煉瓦の堅固な建築の群れだ。といっても、それら自体が非人間的な雰囲気を発散しているわけではないが、あの記憶と結びつくとき、決定的に非人間的な場所となる。

一九四〇年四月二九日、ナチSS（親衛隊）隊長ルドルフ・ヘスが収容所司令官に任命されてから、一九四五年一月二七日、ソ連軍部隊によって解放されるまでの四年九カ月の間に、アウシュヴィッツ（一九四三年以降は隣接するヴィルケナウと合体）には数百万のユダヤ人、ロマ、同性愛者等々が続々と送りこまれた。収容所送りといっても、じっさいには入口を通過した時点で労働可能者と不能者に選別され、前者は収容所までたどりつけたが後者はそうではなかった。その日のうちにチクロン・ガスの充満する部屋で生命を奪われたのだ。収容されたとしても、労働によって自由の身となれるはずはなかった。

こんな資料がある。一九四二年八月一日から三一日までの一カ月間に、アウシュヴィッツ＝ヴィルケナウ収容所には三万八九七二人のユダヤ人が到着しているが、そのうち収容された者は九三九〇人、即日殺害された者は二万九五八二人だ。悲惨だったのは八月一日から三日にかけて到着した五〇〇〇人のポーランド在住ユダヤ人たちで、収容者はゼロ、つまり全員がガス室送りとなっている。八月三〇日にオランダから連行されてきた人びともおなじ運命をたどった（栗原優『ナチズムとユダヤ人絶滅政策』一九九七年による）。一九四二年八月といえば、六月一二日にアムステルダムで、アンネ・フランクが一三歳の誕生日に両親から送られたノートに「アンネの日記」を付け始めた直後の時期だ。アンネを待ち受けていた収容所では、この頃からすでに組織的な大量虐殺が日常化していたのである。

かつての収容所棟がホロコーストの証拠の数かずの展示室となっていることはいうまでもない。髑髏マーク付きのチクロンBガスの空き缶、眼鏡のつる、女性の毛髪、洗面具から靴や鞄までの日用品の山が、それらの数に対応する死者の存在を確実に伝えている。いつか帰れると信じて、どの鞄にも持ち主の住所と名前がおそらく本人自身によって書きつけられていた。「イネス・マイヤー、ケルン、J05377」、「マリア・カフカ、プラハ、XIII 833」などだ。なぜか「カフカ」という名があったが、あの『変身』の作家フランツ・カフカとは無関係だとしても、フランツの姉妹がアウシュヴィッツ送りとなって悲惨な最期を迎えたことを思い出さないわけにはいかなかった。

持ち主たちは到着直後にSSによって、多分帰る日のためにという口実で鞄への記入を強制されたにちがいなかった。こうして鞄が存在するかぎり、そこに記された名前は彼らあるいは彼女たちをだまし抜いた、おなじ人間の行為を暴き出すことができる。

なかでも、私が言葉を失ったのは、展示室の薄暗い片隅にひっそりと積み上げられたおびただしい補助具の山の前に立ったときだった。松葉杖、コルセット、義手、義足など、障害をもつ人びとの死体から、死の直後にはぎとられただろう器具たちは、そんな彼らさえ強引に連れこんで、労働不能者と分類するとすぐに、まったく事務的に殺害してしまうシステムと、何の疑問ももたずに命令を発した人間、そして命令を忠実に実行した人間を静かに、だが激しく告発し続けている。

ふと、私はポーランド出身の特異な美術家、ハンス・ベルメールの「人形」を思い出していた。ベルメールはオシフィエンチムに近いカトヴィッツェの生まれではなかったろうか。彼が一九三〇年代のパリで手足をもがれ、首をねじまげられ、目をくりぬかれた少女の「人形」を制作したことはよく知られている。補助具の堆積を目の前にしてそれらを想起するとき、少年時代に父親から虐待を受けた体験をホフマンの人形物語のヒロイン、コッペリアのイメージと結びつけたという作家の個人的エピソードをはるかに越えて、アウシュヴィッツの記憶を先取りしているとしか、私には感じられなかった。

†マリア・B、18854

棟から棟へとめぐるうちに、いつか私は無数の写真の存在に気づいた。収容された「囚人」たちの証明写真だ。まるで犯罪者のように、ほとんどが囚人服姿で写されている。正面を向いたものが多いが、横向きのものと数枚撮られている場合もある。そして、写真の下には囚人番号と氏名、それに収容の日付と死亡の日付が記入されている。そんななかで、ひとりの若い女性の写真がひどく気になった。というのも、大きく見開かれた彼女の澄みきった二つの目には、かすかな不安も恐怖も映ってはいなかったからだ。間近に待ち受けている死を意識していたはずなのに、女性の表情は悲しいほど希望に満ちあふれていた。

「囚人番号18854、姓・ベネス、名・マリア、一九四二年九月一日収容、同年一〇月七日死亡」とあったから、三七日間の収容所生活ののちにガス室に送られたことになる。彼女はいったいどこから来たのだろうか。後で資料を探すと、ダヌータ・チェックの『アウシュヴィッツ・クロニクル』(英語版、一九九〇年)の一九四二年九月一日の項に、こんな記述があった(この著作は当時の公式記録にもとづいて、一九三九—四五年の収容所の日々の出来事を記述したものだ)。

「九月一日

SSの収容所医師クレマーがチクロンBガスによる居住棟の消毒とシラミ除去作業に参加……一八名の男子と一三名の女子の囚人がプラハから移送され、囚人番号6231 3―62330および18854―18866を受ける……」

「18854」といえばマリア・ベネスの番号である。この日到着した「女囚」のうちで最初の番号なのは、たぶんアルファベット順で彼女のイニシァルがBだからだ。これであの大きな目の女性がプラハから来たことは確認されたが、それ以上の記録にはまだたどりつけていない。

それはさておき、アウシュヴィッツで私を驚かせたマリア・Bの無垢としかいいようのない表情は、非人間的な時代によっても人間的なもののすべてが失われはしなかったことを予想させてくれたとはいえ、私はそこにあの問題の答えを見つけたわけではなかった。逆に、あの美しい瞳に映っていたにちがいない非人間的な人びとがなぜ出現したのか、いや、彼らばかりではなくて、「人間」という発想自体がなぜ非人間的な方向へと傾斜していったのか、という謎を解く鍵を探し出す大きな課題をマリア・Bからつきつけられたように、私は感じたのだった。そこで、私はもう一度自分に問いかけることにした。
人間はなぜ非人間的になれるのか？

†喪の作業

旧収容所の、あのＨＡＬＴ！　の札がついた入口を後にしてもう一度ふりかえると、鉄格子の扉に、まだ新鮮な赤いバラの花が一輪そっと飾られていることに気づいた私は、すこし複雑な気持ちになった。というのも、内部の売店にあった絵葉書にまったくおなじ構図のものがあったからだ。近しい死者あるいは無名の死者たちが引き受けた苦しみと悲しみの記憶に、来場者の誰かがさりげなく捧げたように見えた切りバラは、じつはこの歴史博物館の企画のひとつで、数日ごとに事務的に差しかえられているのかもしれない。そう言えば、髑髏マークの立て札だって当時のままのはずはないとすれば、今でもこんな不吉なシンボルをどこかで定期的に製造して、この場所に送りとどけていることになる。まるで映画のセットのように。

もちろん、「ガス室はなかった」と主張する歴史修正主義者にならって、アウシュヴィッツ絶滅収容所の存在をそんな些細な事柄によって否定したり、過小評価しようなどという気持ちはまったくない。ただ私は、この場所が時の流れにまかされる廃墟にはならず、修復されて歴史の真実をつたえる聖域として造りなおされたのだ、という事実に思いいたらないわけにはいかなかった。もし戦後この場所が放置されていたら、半世紀を越える時間のあいだに建物は崩れ落ち、立て札は朽ち果て、無情な植物群に侵食されて、ここは文字どおり「非人間的な」場所でありつづけたことだろう。私は森有正の言葉を想起した。

後半生のほとんどを過ごしたパリで四半世紀ほど前に客死した、このすぐれたフランス文学者は、ブリティッシュ・ミュージアムに保存されているパルテノン神殿の大フリーズ(浮き彫り)に触れて、廃墟の美について書いたことがあった(『バビロンの流れのほとりにて』)。廃墟が人の心を打つのは、時とともに去る人間が及びがたい高い完成を、その頽れた形のなかに示しているからだ。有限の存在である人間はけっして何ものも完成させることができないから、人間のすべての作品は本質的に未完成である。だが、未完成であることの悲しみは、自然の手による「形の頽れ」によって埋め合わされ、過ぎ行く時がもたらす破壊は作品を真実に近づけるだろう。だから、廃墟は完全に形をとどめている作品より本質的に美しいのだ、と森有正は述べていた。

芸術作品を対象とするこの言葉を、目の前の建物にそのままあてはめることには無理があるだろうとはいえ、こうして「形の頽れ」を癒し、立て札やバラの花といった小道具まで用意しつづけるという選択をつうじて、人びとはフロイトが「喪の作業」と呼んだ行為を社会的な規模で実践しているのかもしれない、と私は直観した。喪の作業とは、愛着や依存の対象を喪失した人が、失った対象にたいする思慕を断ち切り、心的エネルギーの備給を解消する過程のことだ。こう考えれば、アウシュヴィッツという非人間的な場所を「人間的」な施設として再生する道は、修復と演出とをつうじた保存という方向性以外にはありえなかったことになる。時がかたちを壊すことで生じる美の「真実」は、歴史の「真実」とは次元の異なる概念なのだから。

このことは、「人間はなぜ非人間的になれるのか」という最初の問いに接近する貴重な手がかりを提供しているだろう。すくなくとも、私がこれから試みようとしているのは、「人間中心主義」としてのヒューマニズムの視点から、私たちの世紀の「非人間性」を暴き出すという作業ではない。たとえば、アウシュヴィッツの出来事を「ナチスの蛮行」と暴露して糾弾するというレヴェルではなくて、すでに見てきたような西欧近代を中心とする知の歴史的展開にあって、「人間」というアイディアが大きな変貌をとげてゆく過程のうちに出現した「人間的」なものから「非人間」的なものへの傾斜に注目したいのである。

†上位の自然

ここでまた、アポリネールとリオタールに登場してもらうことにしよう。

「ミラボー橋」の詩人が芸術の非人間性を強調したのは、同時代つまり二〇世紀初頭のアヴァンギャルド芸術のさまざまな企てを意識してのことだった。先に引いた一九一三年の文章のすこし先のほうで、彼はこう書いていた。

「新しい画家たちは真の主題など存在しない絵しか描かない。〔対象と〕似ていることなど、もはやまったく重要ではない。なぜなら、芸術家は、彼がまだ見出してはいないが、その存在を想定しているより上位の自然の真実と必然性のために、すべてを犠牲にするからだ。現代芸術〔モダン・アート〕は、過去の時代の大芸術家によって用いられてきた、見る者を喜ばせる手段をほとんどすべて排斥する。」(『キュビスムの画家たち――美的省察』)

ここには、気になる表現がある。「上位の自然〔ナチュール・シュペリウール〕」だ。新しいアーティストが「すべてを犠牲に」して接近を試みるというこの「上位の自然」とは、いったい何のことだろうか。

ここで私が思いあたるのは、ヨーロッパ近代の構造である。それは〔ウォーラーステインや三島憲一が指摘するように〕多重化された同心円を描いて、特殊な発展を遂げてきた。もちろん、中心にはヨーロッパ文明があり、そのすぐ外側にはオリエントの諸文明の円環が位置する。イスラムやヒンドゥーや仏教といった宗教を基盤とする長い歴史を持った地域だ。そして、いちばん外側に文字を持たない諸文化がある。アフリカ、オセアニア、南米の奥地など、その多くは西欧近代によって植民地化された地帯だ。こうした構造は、中心から遠ざかるほど「文明」の程度が低くなるという、文字どおりヨーロッパ中心の発想を反映している。だが、じつはこの中心にあるのは実体としてのヨーロッパではなくて、西欧近代が理念として成立させた「普遍的人間」の観念だったのではないだろうか。

この「人間」の普遍性はもはや宗教ではなくて「理性」を根拠としていたのだから、中心から離れることは「人間」と「理性」から遠ざかることを意味していた。したがってヨーロッパ世界から見れば、いちばん外側のゾーンこそは「非人間」的で「非理性」的な場所だということになる。だから、先に述べたとおり、二〇世紀の開始前後に生じた、たとえば個から全体へ、文明から未開へ、理性から無意識へといった知の関心のシフトは、いずれもこの同心円の中心から外側へと向かう視線を前提としていたのである。逆に言えば、それは、外側から中心への侵入の可能性を想定するものでさえあった。

もしそうなら、この場合、「非人間的」とは二重の意味作用をおびた表現となるだろう。というのも、それはまず「人間対自然（外部としての自然）」という発想からすれば「自然」そのものを意味する。あの同心円の外側の世界がいちばん「自然」に近いという思いこみは、この種の発想のあらわれだ。だが、「人間＝自然（内なる本性としての自然）」と考えれば、「非人間的」であることはむしろ「反自然」に結びつく。ふつう同心円の最外部にあたえられるのが、「非人間的」という意味作用であることは言うまでもない。けれども、中心が示した外部への関心と外部による中心への侵入の可能性に呼応するかたちで、ほかならぬ中心に「非人間的」なものが出現するとすれば、それは「反自然」以外にはありえないだろう。そして、アポリネールの言う「上位の自然」とは、じつはこの「反自然」を意味していたと考えられるのである。

もっと具体的に言えば、「上位の自然」としての「反自然」とは、当時つまり二〇世紀初頭の西欧社会の日常的な現実を一変させつつあった機械と速度の文明だった。このことは、詩人のテクストからあきらかになる。『キュビスムの画家たち――美的省察』には、「ますます現実から遠ざかる真理が、絵画を人びとのあいだの関係を容易にすることをもっぱら目的とする造形的記述(エクリチュール)の状態へと近づけている。今日では、こうした記号を複製する機械さえすぐに見つかることだろう」とあって、絵画が「自然」の表象(再現前)の手段であることをやめて、世界の関係性の記号化された複製である写真や映画に接近していることが示唆されていたのだから。

†主体の不在――アヴァンギャルドとポストモダン

アポリネールのこうした発言が、それから数十年後のポストモダンの哲学者のそれと奇妙に呼応していることに気づかないわけにはいかない。もちろん、リオタールのことだ。もう一度『ポストモダンの条件』にふれておこう。近代社会の「知の英雄」が「大きな物語=メタ物語」の創造をつうじて自己正当化のための言説を追求してきたとすれば、一九七〇年代頃から欧米の高度資本主義社会に起こった知の状態の変化は、「(近代の) 科学や文学や芸術のゲームの規則に生じた諸変化のあとの文化の状態」に対応している、と彼は言う。そして、これらの変化を「大きな物語の危機」と結びつけて、「極端に単純化するなら、「ポストモダン」とはメタ物語への不信のことだ。この不信はおそらく科学の進歩の結果なのだが、科学の進歩自体がそれを前提としている」と述べるのだ。

アポリネールが強調した「主題 (シュジェ) の不在」がリオタールの言う「大きな物語」の「主体 (シュジェ)」の不在につながるとしたら、ポストモダン的な発想は、じつはもっと早い時期からすでに芽生えていたのではなかったろうか。そして、詩人のテクスト中の「より上位の自然」とは、じつは機械と速度の新しいテクノロジーと重なりあう発想だったのだから、それは「科学の進歩」の結果そのものなのだ。ここに、私はアヴァンギャルドとポストモダンがひそかに通底しあっている可能性を見出す。一世紀ほど前にはじまった「知」のシフトは、すでに「反中心＝非人間」というかたちをとっていた。このシフトに呼応して同時代の芸術と思想を導くアヴァンギャルド諸派が出現したが、彼らはポストモダンの感性をはるかに先どりしていた、と考えられるのである。じつは、リオタール自身もこのことに気づいていたから、彼はアポリネールの言葉を引いて、こう書いていた(『非人間的』一九八八年)。

「ヒューマニズムは「われわれ」(?)にさまざまな教訓を授けてくれるが、いつも、まるで人間とは問いなおす必要などありえない確実な価値であるかのように、そうするのだ。価値とは何か、確実とは何か、人間とは何か、これらの問いは危険なものと見なされ、そそくさとしまいこまれる。

一九一三年に、アポリネールは率直にこう書いた。「なによりもまず、芸術家とは非人間的であろうとする者たちである。」そして一九六九年に、〔アウシュヴィッツの後では、もう詩は書けない」と言った〕アドルノもまた、もっと慎重にこう述べた。「芸術は人間に対する非人間性だけをつうじて、人間に忠実でありつづける。」

もし、ヒューマニズムの意味での人間的なものが、非人間的になろうとしているか、そうならざるを得ないのだとしたら? そしてもし、人間の「特性」とは人間が非人間的なものにとりつかれていることだとしたら?」

みずからにこう問いかけながら、一九九八年に七四歳で世を去った哲学者はこの示唆に富む著作で非人間的な時代の考察を進めているが、その内容には別の機会に立ち入ることにしよう。

というわけで、私がこれから企てようとするのは、「人間はなぜ非人間的になれるのか」というあのバカロレアの問題に答えることである。そんなつもりで、アヴァンギャルド芸術から全体主義の体験をへて消費社会へといたる二〇世紀文化の展開をつうじて、さまざまにかたちを変えて立ちあらわれた「非人間的なもの」をクローズアップし、その現代的な方向性を探るのが本書の試みなのだ、とひとまず言っておこう。

第1章

全体　個から全体へ

第7回ナチ党大会（1935年ニュルンベルク）

†二〇世紀——機械と群衆のイメージ

問題への接近を開始するにあたって、「非人間的なもの」を生み出してゆくことになる二〇世紀の、最初の風景をプレイバックしておこう。一九〇二年秋、パリにやってきた二七歳のドイツ人の若者が、このヨーロッパの首都の夜をこんな具合に描写していた。『新詩集』(一九〇七年)で世界を事物の側から描写し、『ドゥイノの悲歌』(一九二三年)で人間存在にかかわる問いを発することになる詩人ライナー・マリア・リルケ(一八七五—一九二六)の『マルテの手記』(出版は一九一〇年)の冒頭の一節だ。

「窓を開けたまま眠るのがどうしてもやめられない。電車がベルを鳴らして僕の部屋を走り抜ける。自動車が僕を轢いて疾走する。どこかでドアの締まる音がする。どこかで窓ガラスがはずれる〔…〕むすめが甲高い声で叫ぶ《もういいかげん黙って!》まっこうから電車がひどく興奮して突進してくる。そして、なにもかも平気で轢いてゆく。誰かが叫んでいる。大勢の人びとがわれ先にと駆けつける〔…〕。これは街路上の騒音だ。しかしもっと恐ろしいのは街頭の静寂にちがいない〔…〕。人びとはただ肩を張って、目を見つめて、恐ろしい一撃を待っているのだ。僕には、この都会の静寂が、そんな無言の恐怖と少しも変わらない。」(大山定一訳、一部改変)

ロマンティックな静けさにつつまれた甘美な夢想の舞台だったはずの夜。それが、この大都会では機械の無機的な騒音や群衆の不気味な動き、あるいは少女のヒステリックな叫びに脅かされる悪夢と、恐怖の接近を予感させる沈黙の場面に変貌してしまった。

この種の印象は、けっしてパリの外国人の被害妄想ではない。それは、一九〇〇年にまだ六歳の少年だったフランス人ルイ＝フェルディナン・セリーヌ（一八九四―一九六一）の回想からもあきらかになる。一九三二年に、第一次大戦中に戦線から逃亡してアフリカからニューヨークに渡り数奇な生活を送る青年バルダミュを主人公とした長編『夜の果ての旅』をほとんど俗語だけで書いて発表し、一躍ベストセラー作家となる人物だ。

「一九〇〇年の〔パリ〕万国博のとき、私たちはまだほんの子どもだったのですが、あれはとてつもなく大きな獣性だったというなまなましい記憶が残っています。どこもかしこも雑踏、群衆の踏みならす足元から厚い雲のような埃が舞いあがり、埃の雲にさわることができるほどでした。史上初めてのことでしたが、展示場は拷問にかけられた金属、途方もなく巨大な威嚇、成り行きのわからない大きな災難に満ちていました。現代生活なるものが始まっていたのです。」（「ゾラに捧ぐ」、一九三二年の講演）

リルケとセリーヌという、およそタイプの異なる二人の文学者がほぼ同時期のパリについて抱いた印象に共通するのは、「機械」と「群衆」のイメージではないだろうか。夜の闇を引き裂くノイズをまき散らし、あるいは酷たらしいフォルムに身を歪める「機械」の出現。それは、「人間」を威嚇する新たな「獣性」そのものの表現として感じられていた。「群衆」もまた、知的生物にふさわしい人格と個性を失った塊となって「個」を圧迫する、「人間」本来の姿からは遠く離れた異物として立ちあらわれていたといってよい。

†エゴイズムと個人主義

どうして、こんなことになったのだろうか。時間をすこしだけさかのぼってみよう。

序章でもふれたように、一九世紀が始まる前後の西欧世界に出現した「近代」社会は、それ以前の伝統的社会のもろもろの制約と強制を越えて、農村的共同体から自立した自由で理性的な「人間」を出現させた。いま不用意に「本来の姿」と言ったけれども、近代人が「本来」の人間たちであるというのは、ある意味で時間を逆転した表現だ。なぜなら、人類はもともと自由でも理性的でもなく、自然の圧倒的な暴力の前にひれ伏し、迷信と妄想と偏見にどっぷりと浸った生き物だったからである。

だから、ここで「本来」とは「普遍的」という意味である。人びとが知性と判断力と批判精神の主体としての自己を見出すためには、彼らは身分、宗教、職業、地域、性等々にかかわる因襲的な過去のあらゆる差異から解放された「普遍的」な存在としての意識をもたなければならなかった。そして、この意識が生まれる場所は「個」以外にはあり得なかったから、近代社会は必然的に個人主義の社会となった。けれども、この種の個人主義は、自己の利益と欲望を何ものにも優先させるという意味でのエゴイズムとは、明確に区別される概念だった。

この点について、一九世紀フランスの政治学者で『アメリカの民主政治』(一八三五・一八四〇年)の著者として知られるアレクシス・ド・トクヴィルが、一八三〇年代の北アメリカを視察してこう述べていたことは興味深い。

「個人主義は新しい思想が生んだ最近の表現である。われわれの父親たちはエゴイズムしか知らなかった。

エゴイズムは、自分自身についての情熱的で誇張された愛情であり、人間が何ものも自分にしかもたらさず、あらゆるものに自分を優先するようしむける。

個人主義は、ひとりひとりの市民を、同類たちの集団から孤立させ、彼らの家族や友人とともに距離を置いた場所に退きたいという気もちにさせる〔…〕感情である。

エゴイズムは世界と同じくらい古い悪徳であるが、個人主義は民主主義的な起源をもち、諸条件が平等化する程度に応じて発展しかねない。〔…〕諸条件の平等化にしたがって、同類たちの運命に大きな影響力を行使できるほどの金持ちでも権力者でもないとはいえ、自分たちでこと足りてやっていけるほどの知性と財産を獲得した、ますます多くの個人が出現する。彼らは誰にたいしても負い目がなく、また、こう言ってよければ、誰からも期待しない。彼らはつねに自分たちを孤立した存在とみなし、自分の全運命が彼らの手中にあると思っているのだ。」(『アメリカの民主政治』)

もちろんトクヴィルは、独立から半世紀ほど後の北アメリカ諸都市をめぐった経験からこうした見解を引き出したのであり、それをヨーロッパにそのまま適用しようとしたわけではない。けれども、彼が個人主義という「新しい思想」にある種の共感を抱いていたことはたしかだ。そして、トクヴィルの言う「われわれの父親たち」の世代とは一七八九年のフランス革命以前の世代だから、すくなくとも欧米の社会では、エゴイズムから個人主義へのシフトがこの頃に開始されたと言ってよいだろう。

†「私」の解放

この変化は文化や芸術の世界でも実感される。たとえば文学の領域では、一九世紀の開始前後から自己への関心が急速に高まり、日記や回想や自伝など「私」という第一人称を主体とするジャンルが繁栄することになった。といっても、政治家や軍人が公的な出来事を中心に書き記したものではなくて、文学者などが一市民としての日常や内面の告白をリアルに描いたテクストのことだ。フランスだけでも、ルソーの『告白』からスタンダールやドラクロワの『日記』まで、多くの作品が世に出たことはよく知られているとおりだ。

こうして、市民革命をつうじて前近代的な差別からみずからを解放する方向へとむかった人びとは、まず不可分の個である「私」を中心として世界を表現しようとしたのだった。この「私」は、公的（パブリック）なものにたいする私的（プライヴェート）なものという発想を越えて、「普遍的人間」の存在形態として認識されていた。だからこそ、それは「古い悪徳」であるエゴイズムではなくて「新しい思想」としての個人主義の根拠となることができたのである。

個人主義と結びついた「私」を中心とする文学や芸術が、西欧圏では一九世紀の前半頃までに続々と出現したことは、ロマン主義と呼ばれる巨大な運動の展開からもあきらかだろう。ここで運動自体に立ち入る余裕はないが、たとえばその代表的作品には、スタンダールの『赤と黒』（一八三〇年）がある。この長編小説は身分や因襲や社会的距離を越えた個人と個人の関係としての恋愛の悲劇をテーマとして、フランス革命とナポレオン帝国の後に再現された王政復古時代を痛烈に批判し、当時の人びとを驚かせ、感動させた。

この作品については、すこし前には私たちの国でも「教養」の一部として愛読されていたはずだが、最近ではそれほどでもないようなので、ごく手みじかに紹介しておこう。田舎の農民の子ジュリヤン・ソレルが市長の娘の家庭教師に雇われ、市長の貞淑な妻レナール夫人と恋に落ち、波瀾に富む曲折ののちに、もう一人の恋人マチルドとの関係をめぐるちょっとした誤解から夫人をピストルで狙撃して、被害者は軽傷で済んだが裁判にかけられる。周囲のはからいで極刑を免れそうになるのに、ジュリヤンは法廷でみずからの貧しい出自を強調して犯行の非人道性と計画性を認め、陪審の「市民（ブルジョワ）階級」をあえて敵にまわしてギロチンにかけられてしまうのだ。陪審席にむかって語るジュリヤンの言葉には迫力がある。

「私は自分の賤しい身分から抜け出そうとした、ひとりの百姓であります。私はみなさんにお情けを求めはいたしません。〔…〕私は死ななければならないのです。〔…〕私が自分とおなじ階級のひとによって裁かれていないだけに、この罪は、よけいきびしく罰せられることになるでしょう。どなたもみな、敵意を含んだブルジョワ階級の方々ばかりではありませんか。」（小林正訳、一部改変）

ジュリヤン・ソレルという近代初期の英雄像に象徴される自由な個人の解放が求められたのはヨーロッパ世界ばかりではない。日本の近代文学もそうだったように、時空の差はあっても、ある社会が伝統的段階（封建的生産関係に支配された農村共同体的段階）から近代的段階（資本主義的生産関係が主要な位置を占め、農村から都市へのシフトが始まる段階）へと移行するとき、そこでは全体からの個人の解放が強調されることになる。

†個人主義の変容

ところが皮肉なことに、こうして解き放たれた個が主体となって構築される新しい社会が、むしろ個の自立をおびやかす方向に向かいはじめるのは、序章に引用したジャック・エリュルの分析があきらかにしているとおりだ。彼は、社会の構成員相互間の有機的構成が失われると「個人主義の社会は必然的に大衆社会となる」と断言していたが、それはなぜだろうか。エリュルとは別の視点から考えてみよう。

ひとりの人間がほとんど自分自身の判断だけにもとづいてみずからの行動を決定できるようになったとき、その人は新しい世界を発見したようなものではないだろうか。これまで、自分以前の、そして自分以外の人びとが決めてきたものの見方（それは伝統や権威などというもっともらしい名で呼ばれる）をなかば無意識のうちに受け入れて、周囲の世界を眺めてきた彼または彼女は、このときはじめて自分の頭で思考し、自分の五感に忠実に世界を認識することができるのだから。彼らは気づくだろう、自然は何と美しく、異性は何と魅力的なことか、その反面、社会は何と多くの不正や不自由に満ちていることか。そればかりではない、この「私」とは何とユニークな、かけがえのない存在であることか。こうしたみずみずしい感情がロマン主義の出発点になったわけだが、この時期の人びとがみずからの個性の場である自己に最大の関心を寄せたことは、容易に理解できる。

けれども、世の中はそれほど単純ではないから、自己を発見した「私」は、社会の秩序や時代の制約が設定したさまざまな壁にぶつかるだろう。場合によっては、ジュリヤン・ソレルのように主観的には幸福でも、客観的には不幸な恋愛の報いとして、命を落としてしまうかもしれないから、自己への陶酔もそれほど長続きはしない。

よく見ると、目の前の壁には二つの種類があることがわかる。古い壁と新しい壁だ。古い壁とは、あの「普遍的」な人間が発明される以前に旧制度（アンシアン・レジーム）がこしらえた、ピラミッド状の身分秩序が残した仕組みのことだ。この壁なら、各人が「諸権利において平等な」近代社会では、教育が階級への所属を組み換えて社会の流動性を高めるので、才能と努力しだいで乗り越えられる可能性がある。「私」はより高度の教育を受ける機会をみずからの意思と能力によって獲得することをつうじて、上の階級に移行することができるのだ。

†新しい壁と「普遍的人間」の分裂

一七九九年の秋、のちにスタンダールと名乗る少年アンリ・ベールが故郷の学校で数学の一等賞を得て、一六歳でフランス・アルプスに近いグルノーブルからパリに乗りこんだ。

ナポレオンによって創設されたばかりの超エリートの軍人や技術者を養成する名門校エコール・ポリテクニックを受験するためだ。結局、神経衰弱のため受験しなかった若者は、翌年ナポレオンのイタリア遠征に参加するが、もしベール少年が受験に成功していたら、『赤と黒』が書かれなかった代わりに、彼の人生は作家としての名声とは異質の世俗的な栄光につつまれていたはずだ。

このように、スタンダール自身、農村型の伝統的で他律的な共同体(その構成員が因襲的近隣関係で結ばれているという点で、有機的共同体と言ってもよい)から離脱し、都市型の近代的で自律的な共同体(そこには前者の関係性から切り離された「私」が集まってくるという点で、無機的共同体と言ってもよい。この場合「共同体」といっても「親密さ」が希薄になる)へと移動していたのだ。競争試験を通過して高等教育を受け、それによって出自である階級からの上昇を果たすという、現在なお有効な図式が、すでにこの頃から出現していたことになる。

もちろん、すべての「私」が身分制社会の古い壁をクリアーできるわけではないから、近代都市には多様な挫折者や窮乏者が生まれる。高等教育からの落伍者はむしろ少数派で、圧倒的多数は農村から都市へ吸いよせられた工場労働者やその脱落者たちだ。彼らの悲惨な状況については、たとえばヴァルター・ベンヤミンが『パサージュ論』に引用している一八四〇年のある著作中に、こんな記述がある。

「工場主の頭のなかでは、労働者は人間ではなく、使用料が高くつく労力そのものであり、火力で動く鉄製の機械より経済的でない反抗的な道具である。〔…〕工場主は、彼が精神的交流も共通の感情ももてない人間たちの階級の苦しみに対して、完全に無感覚になることができる。〔…〕現在の産業体制の支配下では、経営者と彼の労働者たちとのあいだに、一七世紀の貧しい農民や町民たちと宮廷の美しい貴夫人とのあいだに存在した以上の精神的交流が存在しているとは思われない。」（ウジェーヌ・ピュレ『イギリスとフランスにおける労働者階級の貧困について』）

「貧しい農民と美しい貴夫人との精神的交流」という表現には、時代こそちがうが、ジュリヤン・ソレルとレナール夫人のイメージと重なるものを感じてしまう。いずれにせよ、一九世紀の西欧社会が、産業資本主義の加速された発達と都市生活者の急増をつうじて、新しい壁をつくりだしたことはたしかだ。機械制工業の発展によってますますゆたかになる階級と、富の生産を担いながら、みずからの労働力をこの階級に売り渡してますます貧しくなってゆく階級とのあいだの壁である。「工場主の頭のなかでは、労働者は人間ではない」というピュレの言葉があざやかに示すとおり、この壁は人間的世界と非人間的世界とを隔絶させ、近代社会の出発点だった「普遍的人間」を分裂させることになった。

†分裂する社会と自殺者たち

この分裂を象徴するような社会的事実がある。自殺の増加だ。もちろん、この絶望した人間の最後の決断には、アルベール・カミュが『シーシュポスの神話』(一九四二年)で「自殺がこれまで社会現象としてしか扱われてこなかった」ことを批判して、「人生が生きるに値するか否かを判断することは哲学の根本問題に答えること」であると断言したような側面がある。とはいえ、ひとりの人間にこの非人間的な選択を迫る契機が社会的なものであることは否定できない。そして、自殺をめぐる統計からは社会そのものが非人間的方向にむかう様子が浮かびあがってくる。

この問題にとりくんだフランス社会学の最初の成果がデュルケームの『自殺論』(一八九七年)であることは言うまでもなく(デュルケームは同書で「自殺とは、犠牲者自身による積極的または消極的行為の直接的または間接的結果として生じる死のあらゆる事例のことであり、〔その場合〕犠牲者はその行為がこのような結果を生じさせることを知っていたのである」と述べていた)、とりわけ自殺に関する統計資料についてはルイ・シュヴァリエの名著『労働階級、危険な階級』(一九五八年)に詳しい。しかし、ここではもっと最近の研究であるジャン゠クロード・シェネーの『暴力の歴史』(一九八一年)に依拠することにしよう。

ヨーロッパ諸国の人口一〇万人あたりの年間自殺者数を一九世紀中頃と二〇世紀初頭で

比較すると、およそ表1のようになる。
近代化つまり都市化と工業化の程度や宗教の差によって数値が異なるとはいえ、ジャック・エリュルが指摘した「一九世紀中葉の「大衆社会」の出現」以降半世紀のあいだに、これらの国々では自殺者がほぼ倍増している。もうすこし詳しい統計を見ると、「人権宣言」をいちはやく発表して「普遍的人間」の祖国となったフランスで、一九世紀全体をつうじて自殺者がたえず増えつづけ、一八二六年から一九〇〇年までにその数が四倍近くになっていたことがわかる。(表2)
また、一九世紀後半のフランスの職業別・性別自殺者数に関する統計は、当時の社会状態について貴重な示唆をあたえてくれる。(表3)
表3できわだっているのは、職業別では「農業」の自殺者の比率が相対的に低く、「自由業…」と「無職…」で非常に高いという事実だ。伝統的共同体が根強い農村部の数値が人間関係の希薄な都市部より低いことは容易に理解できるが、後者の数値はある種の逆説をはらんでいる。というのも、「無職・職業不詳」というカテゴリーは、シェネーも言うように「狂人、失業者、犯罪者、浮浪者、売春婦」等のマージナルな最下層で、物質的にも精神的にもいちばん非人間的な生活を強いられている人びとだが、「自由業・金利生活者」は逆に当時のフランスで第二帝政下の繁栄をじゅうぶんに享受していた階層なのだから(デュルケームが指摘した上層階級ほど自殺率が高いという逆転現象の好例ではある)。

表1　ヨーロッパ諸国の年間自殺者数

（単位：人〔人口10万人あたり〕、1846-1905年）

国／年代	1850頃 (1846-1855)	1900頃 (1896-1905)
フランス	8.9	20.8
ドイツ	11.5	20.4
イギリス*	6.7	9.5
イタリア	3.1	6.3
スペイン	1.4	2.1
スエーデン	6.9	14.6

＊イングランドとウェールズの合計

表2　フランスの年間自殺者数

（単位：人〔人口10万人あたり〕、1826-1900年）

1826-1840／ 5.7	1871-1880／14.2
1842-1855／ 8.4	1881-1890／18.3
1856-1870／11.0	1891-1900／21.4

〔表1との数値の差は比較年代が異なるため〕

表3　フランスの職業別・性別年間自殺者数

（単位：人〔人口10万人あたり〕、1861-1865年）

職種	男性	女性	総計
農業	13.1	3.4	8.2
商工業	19.6	3.5	11.7
自由業・金利生活者	38.9	4.3	21.4
無職・職業不詳	69.5	54.3	61.0
総計	19.4	5.1	12.3

〔この時期の総人口は約3800万人〕

ここには、日々の糧にこと欠く窮乏ばかりか裕福な日常の空虚さもまた自殺の原因となり得ることが暗示されているが、自殺に関する社会学的考察を始めるわけではないので、私たちのテーマにもどろう。

†自殺者増加の理由

個人主義の出現によって特徴づけられる西欧型の近代社会が、その後の展開をつうじて個人から群衆＝大衆への重心の移動を遂げてゆく過程に、私たちは注目していたのだった。この過程が自殺者の増加をともなったことには、おそらく二つの理由があげられるだろう。ひとつは、農村から都市に流れこみ工場で働いて非人間的扱いを受けた労働者階級と、彼らよりさらにひどい生活を余儀なくされた「無職・職業不詳」の人びとの急増だ。彼ら労働者が伝統的・地域的な共同体から抜け出して都市で匿名の存在となり、形式的には個人対個人の契約である雇用関係を資本家と結ぶことが可能となるためには、因襲的な束縛からの個の解放が不可欠の条件だったのである。

ピュレのテクストによれば、一八四〇年にはすでに、工場主にとって労働者は「鉄製の機械より経済的でない」存在だったことを思い出してみよう。本章の冒頭でふれたとおり、詩人リルケと作家セリーヌによる二〇世紀初頭のパリの印象には、「機械」と「群衆」が通底していた。それらはすでに一九世紀中頃から、理性的主体の座としての輝かしい個を圧倒し始めていたことになるのではないだろうか。

もうひとつの理由は、カミュの主張とも重なるものだが、自殺という究極の意思表示が、場合によっては個の自立のメルクマールとなり得るという事実につながっている。つまり、みずからにかかわるあらゆる選択を自分自身の意思だけによって実行できる、自己決定能力を備えた個の発展が、自殺増加の前提となっているという側面も否定できないのだ。したがって、女性の自殺率がどの階層でも男性より圧倒的に低いことは、この時代の女性がまだ自己決定権を確立していないという事態を反映していることになる。最下層だけで男女の自殺率が接近しているのは、この階層の人びとの悲惨な状況のあらわれにほかならない。それにしても、一九世紀後半のフランスで都市の貧民が農民の七倍以上も多く自殺していたという事実は、他律型社会から自律型社会への移行の残酷な一面を物語っている。

†ソリチュードとロンリネス

こうして、自殺という社会現象が社会全体の大きな変化を反映していることが確認されるだろう。近代社会の開始とともに、共同体からの離脱が個の解放をもたらしたとしても、今度は理念的には普遍的概念であったはずの個に階層分化が生じる。その結果、この社会は愛憎なかばする親密な関係性の網の目でつつまれる代わりに、おたがいに有機的なつながりをもたない個人の匿名の集合に置き換えられてしまう。この段階で、ある特別な感情が階層のへだたりなく人びとをとらえるとき、そこでは個から全体へのシフトがすでに始まっていると言ってよい。それは「孤立感(ロンリネス)」である。

ここで話は時空をワープするが、この感情が社会化されるとき全体主義が姿をあらわすことを指摘したのはハンナ・アレント(一九〇六—七五)だった。アレントは二〇世紀初頭、ドイツのハノーファーに生まれ、ハイデルベルク大学でカール・ヤスパースに師事するが、一九三三年にヒトラー政権が成立するとユダヤ人だったためにパリに逃れ、第二次大戦中はアメリカに移住する。主著である『全体主義の起源』(一九五一年初版)で、彼女は古代ローマの政治家、大カトーの言葉「人はひとりでいるとき以上に孤独でないときはない」を引用する。そして、「孤立感(ロンリネス)」と「孤独(ソリチュード)」を区別し、孤独が文字どおり一人でいることを意味するのに対して、孤立感はむしろ他人とともにあるとき、かえって強く感じられると述べている。

孤独な人は、ひとりでいるときでも自分自身と対話することができる。というよりも、思考とはみずからと対話することにほかならない。思考力が人間だけにあたえられた能力だとすれば、孤独とはもっとも人間的な状態だとさえ言うことができる。そして、「私」と「私自身」との対話中で、「私」の同類たちは「私自身」によって代表されている。だから、自分自身との対話があるかぎり、孤独な人は世界との関係を失いはしない。

ところが、ソリチュードがロンリネスに変化することがある。それは、「私」が「私自身」に見捨てられるときだ、とアレントは言う。つまり、自分自身と社会とのつながりが実感できなくなったとき、孤独は孤立感に変わるのだ。

「全体主義でない世界で人びとに全体主義の支配を準備するもの、それはかつては老齢のような、ある種のマージナルな社会状況において生じる極限的な体験だった孤立感が、二〇世紀にはたえず増えつづける大衆の日常的な体験となったという事実である。全体主義が大衆を駆り立て、組織する過酷な過程は、この現実からの自殺的な逃避であるように見える。」(『全体主義の起源』第三部「全体主義」)

アレントが「自殺的な逃避」と言っていることは興味深い。私たちが見てきたように一九世紀の西欧型近代社会で自殺者数が増加の一途をたどったという事実は、個人主義がもたらしたソリチュードがその後の社会変容の過程をつうじてロンリネスに変貌していったことを暗示している。アレント自身、「歴史的には、この〔ソリチュードがロンリネスになる〕危険は一九世紀になってはじめて〔…〕人びとに気づかれるほど大きなものになった」と述べていた。

ファシズムやナチズム等の全体主義の出現は人間を非人間的にする二〇世紀のさまざまな体験のなかで、いちばん特徴的な出来事だったが、全体主義へといたる導火線の口火は、すでに前世紀後半の自殺の増加に見られるロンリネスの社会化とともに切られていたことになる。そして、ロンリネスという感情は思いがけない場面に共犯者を見出すだろう。アヴァンギャルド芸術とりわけダダイズムだ。破壊的で、攻撃的な反芸術運動に見えるダダが、じつはある種の孤立感から出発していたという事実は、アヴァンギャルドからファシズムへの意外な展開のきっかけをはらんでいたのだった。

次章ではこの問題に接近するが、その前に個から全体へのシフトを思想のレヴェルで押し進めたフランス一九世紀の特異な思想家たちに、すこしばかり注目しておくことにしよう。

†「人間」の解体――差異のモザイクへ

先ほど、孤独＝ソリチュードが人間的な状態だと言ったが、この場合人間的であることは理性的であることに重なっている。一方、孤立感＝ロンリネスが群れの中で、自己を群れにとって他者であると感じることだとすれば、それは恐怖や不安などとともに、ある種の動物にも（疑似的には）存在するかもしれない、もっと本能的な感覚である。そして、個から全体へのシフトがソリチュードからロンリネスへの感情の移動をともなって展開されたことは、「人間」の本質をめぐる思想の重心も理性から本能へと引き戻された可能性を暗示している。

この問題に関して、たとえば前世紀末から今世紀初頭にかけて、フランスの若者たちにカリスマ的な影響力をもった作家モーリス・バレス（一八六二―一九二三）が、自著『自我礼拝』（一八八八―九一年）について書いたつぎの言葉は印象的だ。

「「自我」礼拝とは自己を全的に承認することではない。われわれが熱烈なひたむきな愛情をそそぐこの倫理は、その奉仕者に不断の努力を要求する。〔…〕まずわれわれのなかから、生活がたえず導き入れるあらゆる異物を清め去り、つぎに新しく添加しなければならぬ。ではいったい何を添加するのか。それはすべて自我と同一なもの、同化可能なもの。はっきり言えば、自我が本能の力に無抵抗に身を委ねるとき、自我に付着してくるいっさいのものである。」（「検討」伊吹武彦訳、一部改変）

ここで「「自我」礼拝」とは、自我＝私（モワ）を普遍的人間を根拠づける理性の場として礼賛するといった、フランス革命期の理性崇拝のたぐいの提案ではない。むしろ、「本能の力」と無条件に一体化することにより、知性のはるか手前の根源的な自己を回復する試みのことである。それは自律型の近代的個の探求よりは、むしろ伝統的で神話的な共同体への回帰につながってゆく。それればかりではない。バレス自身、「「自我」に執着し、「自我」を異邦人から、「蛮族」から守ろう」（同上）と述べているように、この種の発想はみずからの属する社会集団をそれ以外の集団と対立させるという意図に裏うちされていた(「蛮族」とは自我を抑圧する他者のことで、「未開人」ではない)。

こうした思想が理性よりは感性を、普遍性よりは特殊性を強調することは容易に見てとれる。一九世紀の開始前後に数々の市民革命をきっかけとして、身分、宗教、地域等々、前近代のもろもろの差異を越えて構築されたはずの「人間」の観念は、それから一世紀ほどの後に、再び差異のモザイクとして解体されようとしていた。

象徴的だったのはドレフュス事件である。ユダヤ系フランス人、アルフレッド・ドレフュス陸軍大尉が一八九四年一二月にドイツのスパイ容疑で逮捕され、一八九八年にはその再審請求をめぐってフランス国内の世論が二分された冤罪事件だ。ここでもバレスは反ドレフュス派の先頭に立ち、ドレフュスに有罪判決が下される直前からすでに「フランスでは、フランス人が先頭に立って歩くべきだ。外国人はその次である」(一八九四年一二月二九日の『ラ・コカルド』紙)と主張して、排外主義と反ユダヤ主義の立場をあらわにしていた。そして、事件が再審請求派の勝利に終わった後の一九〇三年にも、「すべてをフランスとの関係において判断する」自民族中心的なナショナリズムを主張したのだった。

†ゴビノー——全体主義の思想的起源

バレスのこうした思想の先駆者とも言うべき人物は、やはりフランス人の貴族、ジョゼフ＝アルチュール・ド・ゴビノー伯爵（一八一六―八二）である。外交官としてペルシア、ギリシア、ブラジルなど世界各地をめぐったゴビノーは一八五三―五五年に『人種不平等論』を発表し、人種の優劣を断定的に論じて、人種差別主義の先駆けとなった。全六巻、一〇〇〇ページにおよぶ大著の冒頭のつぎの記述は、全巻の方向性をすでに予告している。

「強い人種と弱い人種が存在することを認識した後に、私はとりわけ前者の観察につとめ、彼らの系統の連鎖をさかのぼる努力を重ねた。この方法をつうじて、私はついに以下の確信を抱くにいたった。すなわち、科学、芸術、文明等の人間的創造に関して、偉大で、高貴で、豊穣な地上のあらゆる存在は、観察者をただ一点のみに導くが、この一点はただひとつの血統にしか属してはいないという確信である。地上のあらゆる文明国を統治してきたもろもろの分岐は、そこから生じたのである。」（『人種不平等論』〔当時の「ハノーファー王にしてイングランド皇太子」ジョージ五世への〕「献辞」）

ここで「ただひとつの血統」が白人種の起源とされるコーカソイドであることを知る人は、ゴビノーが人種を黒人種、黄色人種、白人種に大別し、白人種の優秀性を説き、そのなかでも「アーリア系」の優位を強調したことに驚きはしないだろう。

『人種不平等論』（第一巻一六章）によれば、黒人種は「もっとも粗野で、序列の底辺に位置し、その骨盤の形状に刻みこまれた動物性が、この人種の運命を決定づけている」。他の二人種に比して味覚と嗅覚が非常に発達していて、彼らは「ひたすら、がつがつとむさぼり食うことしか願わない」。情緒は不安定で、「自分の生命にも、他人の生命にもほとんど執着せず、殺すことを目的として人を殺す。この人間機械は非常に激しやすく、苦痛に直面して、あるいは臆病さゆえにみずから進んで死のなかに逃避することがある」。

黄色人種は黒人種とは正反対で、「頭蓋骨は後頭部が出っ張ることなく前部に突き出し」、その特徴は「身体的活力に乏しく、欲望は弱く、意志は極端であるよりは執拗で、物質的享楽に対しては、しつこいが興奮しない好みをもち、何ごとにも控えめ」である。「黄色人種は言葉の狭い意味で実際的な人びとであり、夢見ることなく、創意に乏しいが、実用的なものを取りいれる能力がある」。

そして、最後に登場するのが白人種だ。「エネルギッシュな知性と、困難に出会っても、時間をかけてそれを克服する手段を見出す忍耐強さをもつ。強靭な体力と、驚くべき秩序の本能に恵まれている」。また、白人たちは「生活への愛情によってきわだっている。彼らは生活をより豊かに過ごすすべを心得ており、そのことにより多くの価値をあたえている」。彼らは名誉を非常に大切にするが、「名誉という言葉と、そこにこめられた文明の観念は、黄色人種にも黒人種にも知られていない」。いいことずくめだが、白人種にも劣った能力がある。「知性のあらゆる領域における白人種の圧倒的な優位性は、身体感覚の程度のきわだった劣等性をともなう。白人は、この種の感覚の点で黒人や黄色人ほど恵まれてはいない」。

こうして人類の三大人種の特徴を独断と偏見に満ちて列記してから、ゴビノーはやや唐突に「白人種はその起源からすでに美と知性と力を独占していた」と述べて、彼自身の属する白人種の優秀性を力説する。そして白人種のうちでも、もっとも高貴で「文明をもたらす」人種であるアーリア人がアジア高地地方（現在のイラン北部）から、ヨーロッパへ移住していったという仮説を展開する。著書のもっと先のほうで（第六巻三章）、彼はアーリア人種とくにゲルマン系アーリア人種の優位性について、こう述べている。

「アーリア人は、主として知性と活力の程度において、他の人種より優れている。この二種類の能力によって諸情念と物質的欲求を克服することで、彼らは途方もなく高度な道徳性に到達することができる。〔…〕ゲルマン系アーリア人が信じたり、語ったり、行ったりするあらゆることがらは大きな重要性を獲得するのである。」（『人種不平等論』）

†人種主義とナチスへの影響

まるでナチスのプロパガンダから抜き出したような言葉だ。じっさいゴビノーの言説がヒトラーとナチスの人種主義政策に影響をあたえたことは、すでに多くの論者によって指摘されている。当のヒトラー自身も、『我が闘争』（一九二五年初版）で「アーリア人種は人類の文化を創り出して、その進歩発達を引き受けた人種であった。〔…〕アーリア人種が、劣等民族と出会ってこれを征服し、奴隷として使役した地方に、人類最初の文化が発達したのもけっして偶然ではない」などと述べていたことはよく知られているだろう（第一巻一一章「民族と人種」）。

ところでこの『我が闘争』の訳文（一部改変）は、太平洋戦争中の一九四二―四三年に東亜研究所から「資料として」出版された全二巻の全訳本から引用したが、中扉に「極秘」という赤い文字が印刷されているのは興味深い。当時ナチス・ドイツと同盟関係にあった日本政府も、ヒトラーの著書に「日本に関する部分が今日の日独関係上に面白からぬ点があるため」「全訳を公刊することは避けねばならない」と判断していたようだ（東亜研究所総裁、大蔵公望の序文による）。たしかに、そこには「日本が今まで人類の進歩について来ることのできたのもアーリア文化に便乗したから」だったなどと書かれていた。

ヒトラーの人種差別的発想に、ゴビノーの著作が何らかの影響をあたえたことは否定できない。けれども、『人種不平等論』をよく読んでみると、そこには時代への反抗者としてのゴビノーの姿が浮かびあがってくることも事実だ。このテクストが書かれた一八五〇年代のフランスはナポレオン三世の第二帝政下で、社会が進歩と繁栄にむかって走り出した時期だった。都市では万国博が繰り返し開催されて物質文明の成果を誇示し、活版印刷と写真のおかげで新聞が毎日新奇な出来事をまき散らし、機械と速度の象徴である鉄道が農村を貫通して当時最先端の生活文化を隅々に運んでいた。そんな時代に、ゴビノーが「人間」をあえて「人種」に分解してみせた背景には、物質文明の進歩への根強い反感があったのである。

たとえば印刷術について、彼はこの近代の発明を人びとが称賛しすぎるせいで、手書き原稿（マニュスクリプト）の価値が忘れられているといい、「印刷術はたしかにみごとな道具だが、手と頭が働かなければこの道具は勝手に動くことができない」と反論する（第一巻一四章）。また、蒸気機関などのテクノロジーについても否定的で、「蒸気機関とあらゆる産業上の発見は、印刷術同様重要な手段ではあるが、科学的発見から生まれた手段が機械的反復状態を果てしなく繰り返して、それらの発見をもたらした知性の運動が永久に停止してしまった実例が何度か見られた」（同上）と述べるのだ。

結局、ゴビノーにとって文明とは、物質的繁栄とは異質の、もっと精神的な価値観だった。彼は「物質的安楽は文明の外的付属物でしかなく、高速で移動したり、立派に着飾ったりする手段を知っているというだけの理由で存続し得た社会があったなどという事実は聞いたこともない」（同上）と、憮然として断定している。

ゴビノーとヒトラーのいちばん大きな相違は、混血の評価である。ゴビノーが「諸芸術と高貴な文学の世界は諸人種の混合からもたらされ、劣った諸人種が改良されて高貴になることは、称賛すべき驚異である」（第一巻一六章）と述べているのに対して、ヒトラーのほうは「過去の偉大な文化がことごとく亡びたのは、元来創造力に富んでいた種族が血液の純潔を失って滅び去ったためである」（『我が闘争』第一巻一一章）と断定している。もっとも、ゴビノーは白人種との混血によって優れた資質が拡大されると考えたのであって、その発想が自民族中心主義的なものだったことは否定できない。

さらに、ユダヤ人についても二人の見解には相当の距離がある。ヒトラーは「民族と人種」の章の三分の二をユダヤ人への誹謗と中傷にあてて、「人類はいまだかつてユダヤ人のおかげで進歩したことはなく、ユダヤ人と戦って進歩したのである」、「ユダヤ人は虚言吐きの名人で、いつでもおのれを無垢のように見せかけて罪を他人にかぶせることを心得ている」等々、思いつくかぎりの悪口雑言を浴びせているが、ゴビノーのほうはむしろ控えめな歴史的記述に終始し、「アブラハムの息子たちはいく度も名前を変え〔…〕ユダヤ人となった。この民族は、彼ら自身の主張とは裏腹に、固有の文明をかつて所有したことがなかった」と書いている程度で（第二巻二・四章）、露骨に差別的な表現は意外に少ない。

†反時代的思想家

したがって、ゴビノーの思想自体は、人種差別的な性格よりはむしろ、近代市民社会の土台となった「普遍的人間」というアイディアへの批判という色彩を強く帯びていたように思われる。晩年の著作『ヌーヴェル・アジアティック（アジア小品集）』（一八七六年）の序文では、フランス革命を準備したルソーらの「啓蒙思想家」を非難して、「モラリストたち〔啓蒙思想家のこと〕に世間が負っている無価値なことがらのうちで、「人間はどこでもおなじだ」という格言ほどお見事なものはない。〔…〕人間たちはいたるところで本質的に異なっているからこそ、彼らの情念、ものの見方、自分自身と他者に対する態度、信仰、関心などが独自性をもち得るのだ」と書いていた。

この言葉は、「はじめに」でふれたフランス革命期の異端の思想家ジョゼフ・ド・メストルの「世界には人間などというものはおよそ存在しない。これまでの人生で、私はフランス人やイタリア人やロシア人には会ったが、人間などには一度も出会ったことがない」という断言（一七九七年）を想起させる。この点では、ゴビノーはメストルとならんで西欧近代最大の「反人間的」な思想家のひとりだったのである。

ゴビノーの反人間主義は、当時のブルジョワ社会の成り上がり的繁栄に背を向けた旧特権階級の生き残りたちのノスタルジアをひきずったものだった。けれども、その思想には、機械と群衆の出現によって近代社会が非人間的なものになるだろうことを、先取り的に批判するという側面があった。この点は、もっと注目されてもよいのではないだろうか。この特異な作家は世紀末、とりわけドレフュス事件をきっかけとして人種主義の「先駆者」として再び注目され、その後ヒトラーとナチスに再利用されることになるが、彼のテクストを注意深く読むと、それがはたして本人の望んだ「死後の栄光」だったのだろうかという疑問が残ってしまう。

『人種不平等論』も、初版刊行時には「フランスでせいぜい四〇〇、ドイツで一五〇ほどの読者」がいたにすぎない。その影響力は、著者自身が一八五六年五月一日付のトックヴィル宛の手紙で「私の本の評判がフランス中にひろがるのに時間がかかるので、すこし不愉快な気分だ」などと愚痴を言っているくらいだ。

ところが、ハーバート・スペンサーらの社会ダーウィン主義が勢いを得ると、この書物が人種差別的イデオロギーと結びついてさかんに援用される事態がおとずれる。社会ダーウィン主義とは、ダーウィンの『種の起原』（一八五九年）における生存競争と自然選択の理論を用いて、社会の進化を説明づけようとする思想だ。

フランスでは、ゴビノーは一八八〇年代に反ユダヤ主義（反セム人主義）の思想家たちによって「再発見」されることになる（『人種不平等論』第二版は一八八四年出版）。たとえばカトリックの論客でジャーナリストのエドゥアール・ドリュモンが一八八六年の『ユダヤ的フランス』で「セム人の夢、その固着した思想は、いつの時代にもアーリア人を農奴におとしめ、耕地に縛りつけることだった」などと放言しはじめる。

†ル・ボン――『群衆の心理学』

ゴビノーの著作とともに二〇世紀の全体主義を準備する思想的根拠のひとつとなったのは、やはりフランス人のギュスターヴ・ル・ボン（一八四一―一九三一）が一八九五年、ドレフュス有罪判決直後のパリで出版した『群衆の心理学』である（『群衆心理』と訳されるのが通例だが、群衆に固有の心理状態を科学的に分析しているので、原文どおりに訳しておく）。『人種不平等論』初版刊行当時のみじめな読者数とは対照的に、この著作はただちに反響を呼んだ。エルサレム大学のゼーフ・ステルネル教授によれば、その後も一九二五年には三一版、一九六三年には四五版と版を重ね、一六カ国語に訳されて、抜粋をふくめ五〇万部以上が売れたという。まさに「あらゆる時代をつうじて、科学的著作最大のベストセラーのひとつ」なのだ。

日本でも、すでに一九一五年（大正四年）に、ル・ボンの別の著作と合わせて『民族心理及群衆心理』と題して、大山郁夫・前田長太郎訳で大日本文明協会から出版されている。細かい事情は省略するが、この翻訳にはル・ボンが寄せた「自序」が付されていて興味深い。そこで、著者は日本人について「封建制度に於ける国民が突如として近世文明のあらゆる要素を獲得」したことを驚きながら、こう書いていた（原文が不明なので、当時の訳文のまま紹介する。表記は一部改変）。

「実際、日本の進化は事物の表面にてのみ行われ、所詮大和魂には秋毫《しゅうごう》も到達せざるなり。〔…〕然《しか》れども旧日本人の魂が人の思うが如き変化を毫も被らずとするも、日本が数年を出ずして欧人の科学的及び工業的方法を全然類化して、頓《にわか》に欧人に比肩し、遂に之を凌駕するに至りたるは争うべからざる事実なりとす。」

ゴビノーの書物では、日本は「中国人」の章（第三巻六章）で、つけ足しのように「その原型たる中国よりはるかに神秘的な、かくも未知なる世界の片隅」と記述され、「日本は数多くの黄色人種の移住の結果、中国文明の方向に引き寄せられたと思われる」と述べられている程度であることを思えば、二つのテクストを隔てるわずか六〇年ほどの間に、ヨーロッパの日本への関心がどれほど変化を遂げたかが実感される。

それはさておき、本章の初めに見たようなリルケやセリーヌの印象にあざやかな「機械と群衆の時代」は当時すでに誰の目にもあきらかな現実となっていたはずだ。それなのに、『群衆の心理学』は前世紀末から今世紀初頭の西欧社会を中心に、大きな衝撃をもって迎えられた。これは、この現実にあえて分析的な視線をむけたのが、ル・ボンという当時すでに五〇歳を越えていた医学者がほとんど最初だったという事実を物語っている。

もっとも、ル・ボンの著作はゴビノーのものほど大部ではなく、本文一八〇ページほどのうちに序論「群衆の時代」、第一部「群衆の魂」、第二部「群衆の意見と確信」、第三部「群衆の多様なカテゴリーの分類と描写」がコンパクトにまとめられていた。冒頭に付された一ページほどの短い序文で、彼は「群衆は歴史上つねに重要な役割を演じてきたとはいえ、その役割が今日ほどめざましかったことは一度もなかった。個人の意識的な活動にとって代わった群衆の無意識的な行動が、現代の特徴のひとつとなっている」と述べたが、ここには、個から全体への社会の重心移動の要因が的確に指摘されている。

†危機と変化の時代

ゴビノーが「人間」という普遍的概念に異を唱えて「人種」という差異のシステムへの回帰を強調したとすれば、ル・ボンは、個人＝意識から群衆＝無意識への社会の主役の交代として、時代の変貌をとらえていた。「無意識」といえば、当然フロイトが想起されるが、ウィーンの精神医学者が最初にこの言葉を用いたのは一八九三―九四年の「症例エミー・フォン・N夫人の報告」の脚注であり、その後「ヒステリー研究」を経て一九〇〇年の『夢判断』で無意識の概念が確立される。だから、のちに社会心理学の先駆者と評されるとおり、ル・ボンは（フロイトとは別個に）いちはやくこの概念を社会現象に適用したと言ってよい。フロイト自身、たとえば「集合心理学と自我の分析」でル・ボンのテクストを引用している。

『群衆の心理学』が大きな反響を呼んだ理由は、「現代」つまり西欧の一九世紀末を、宗教的、政治的、社会的信念の崩壊と、科学的、産業的諸発見によって生じた「まったく新しい生活と思想の状態」がもたらした「危機」と「変化」の時代としてとらえている点にあるだろう。危機と変化は、時代と社会が新たな段階へと移行する時期に必ずおとずれるのだから、誰もが次の時代を期待と不安とともに待ち受けていた。そんなときに、ル・ボンは来るべき新時代が「群衆の時代」であることを断言したのだった。

「今日から予想できることは、将来の社会がその構成要素として、現代の最新最高の主権者である新たな勢力を重視しなければならないということだ。それは群衆の勢力である。〔…〕旧来のもろもろの信念や信仰が動揺して消滅し、社会を支えてきた古い柱が一本、また一本と倒れていくとき、群衆の行動こそは何ものにも脅かされず、その威勢がますます増大する唯一の力となる。われわれがこれから入ってゆく時代は、まさに群衆の時代なのである。」(「序論」)

†意識的個性の消失

こうした変動期の社会の主役となる群衆の心理状態について、心理学者たちは、これまで犯罪や悪という側面からしか論じてこなかったが、「犯罪的群衆」ばかりでなく「道徳的群衆」や「英雄的群衆」も存在するのだから、もっと現実に密着した接近が必要であることを、著者は指摘する。今日の群衆とは、もはや「任意の個人の集合」ではない。それは「意識的個性が消え失せて、あらゆる個人の感情や観念が同一の方向にむけられる」ような人間集団である。このような集団を彼は「心理的群衆」と名づけ、この種の群衆がそこに巻きこまれた諸個人を変質させて、群衆独特の性質が出現する過程を分析する。

群衆に特有の性質があらわれる原因は、ル・ボンによればつぎの三つである（第一部一章「群衆の一般的性質」による）。

第一の原因は、群衆中の個人がただ大勢の人びとの集合のなかにいるだけで、抵抗できない力を感じて、単独なら抑制できたはずの本能に容易に身を任せ、責任の観念が完全に消滅してしまうことだ。

第二の原因は、精神的感染である。これは「催眠術に類する現象」で、個人がその本性に反して、集団の利益のためには自分自身の利益を無造作に犠牲にしてしまうという結果が生じる。

第三の原因は「はるかに重要なもの」で、群衆中の個人がある種の暗示によって、単独の個人とは相反する特性を発揮することだ。この個人はもはや自分の行為を意識せず、暗示にかられて「催眠術をかけられたように」抑えがたい性急さである種の行為を遂行しようとするが、この性急さは「催眠術をかけられた者の場合より、いっそう抑えがたい」。

以上の三点をあげてから、ル・ボンは現代の群衆の性質をつぎのように要約する。

「意識的個性の消滅、無意識的個性の優勢、暗示と感染による感情や観念の同一方向への転換、暗示された観念をただちに行為に移そうとする傾向、これらが群衆中の個人の主要な特性である。群衆中の個人はもはや彼自身ではなく、自己の意志をもって自己を導く力を失った一個の自動人形となる。」(同上、桜井成夫訳、一部改変)

私たちがこれまでたどってきた個から全体への展開をみごとに表現した文章だ。催眠術という言葉が繰り返されていることが示すとおり、近代の出発点だったはずの、理性的で、自己決定力を備えた個人が、群衆の時代とともに個性も意志も失った「自動人形」となる事態、これこそは『群衆の心理学』出版からわずか二、三〇年後に世界を覆いつくす状況ではないだろうか。

†幻想を与えるものが群衆を支配する

もっとも、ル・ボンは群衆を否定的にとらえているだけではない。群衆は「衝動的で、動揺しやすい」から因襲の尊重や利己心の抑制という意味での「徳性」をもち得ないとしても、この概念に「自己放棄、献身、無私無欲、自己犠牲、公正さへの要求」などをふくませるなら、かえって群衆は「非常に高度の徳性を発揮し得る」と彼は言う。そして、十字軍やフランス革命期の義勇軍などの歴史上の実例をあげてから、「ストライキを行う群衆は、給料の増加を望むよりはるかに、あるスローガンに従うために行動する」と述べて、当時勢いを増していた労働運動に一定の理解を示している。

とはいえ、自身は社会の既成支配層に属するこの医学者の関心は、やはり群衆をコントロールすることにあったから、彼は群衆を導く危険な要素のひとつとして「社会主義」をあげて、来るべき時代に警告を発していた。

「幻想は、民衆にとって必要不可欠のものである〔…〕。今日、社会主義の幻想がその勢力を加えつつあるのは、それが今なお活気のある唯一の幻想にほかならないからだ。〔…〕群衆に幻想をあたえる術を心得ている者は、容易に群衆の支配者となり、群衆の幻想を打破しようと試みる者は、つねに群衆のいけにえとなる。」（第二部一章、桜井成夫訳、一部改変）

彼の警告どおり、やがて「群衆の支配者」たちが個から全体へのシフトを完成させるだろう。非人間的な時代が始まろうとしていた。

第2章

無意味

アヴァンギャルドからファシズムへ

ツァラの生地に建てられたダダの記念碑（ルーマニア）

†戦争と無意味

非人間的な時代の幕開けを告げる巨大な事件が、一九一四年の盛夏に始まり一八年の晩秋まで続いた第一次世界大戦だったことは言うまでもない。序章でもふれたがもう少し詳しい数字を見れば、わずか四年と三カ月ほどの間に「戦死者八五五万五二九〇人、行方不明者七七五万一五四五人、負傷者二一一九万九四六七人」（桜井哲夫『戦争の世紀』一九九九年による）の犠牲者が出ている。

この戦争以前に「一〇〇万の単位をもって計算された数量は、天文学を除けば事実上各国の人口と生産、商業、金融関係のデータだけ」（同上）だった。ところが、死者の数がこれほど膨大な単位で計算されるようになってしまう。しかも通常は喪失感をともなってマイナスの価値を担うこの数値が戦場ではプラスに転化する。この事態（敵を殺せば殺すほど勲章が増える！）こそは、「人間」をめぐる価値観の決定的な変化を物語っていた。

そのうえ、この大惨事は、自然の災害でも偶然の事故でもなく、人間たちの意志によって起こった。とりわけ「機械と群衆」によって、これだけの戦争がはじめて可能になったのである。機関銃や戦車や戦闘機等々の機械化された兵器と群衆からほとんど無差別に徴用された兵士の出現があれだけの規模の殺し合いを可能にしたという事実は、二〇世紀という時代の非人間性をいちはやく予告していた。

それればかりではない。すべての戦争がそうである以上に、この大戦争はそれを戦った兵士たちにとってまったく不可解な出来事だった。一九〇〇年のパリ万国博会場を不安な予感とともに通過した当時六歳のセリーヌ少年、本名ルイ＝フェルディナン・デトゥーシュは、それから一四年後に二〇歳の若者となって戦争に出会い、フランス陸軍第一二装甲機械化連隊に配属される。連隊ははじめロレーヌ地方の東部戦線に展開するが、やがてフランドル地方に移動する。開戦後間もない一九一四年一〇月二七日、デトゥーシュ伍長はベルギー戦線でドイツ兵の銃弾を浴びて腕を骨折し、この傷によって戦時軍功章を受ける。この戦争体験から生まれた小説『夜の果ての旅』の冒頭で、セリーヌはこう書いていた。

「結局、戦争ってやつは俺たちには、まったく理解できないしろものだった。こんなことが続いていいはずがなかった。〔…〕「こういう話になりゃ、もうずらかるしかないぜ」と俺は自分に言った。でも、あとの祭りさ……。

俺たちの頭の上二ミリか、たぶんこめかみから一ミリのところを、皆を殺したがってる弾《タマ》がつぎからつぎへ、ひっきりなしに通ってできる、その気にさせるような長い鉄の線が、夏の暑い空気のなかで振動していた。

すごい量の弾と太陽の光のなかで、俺はこれほど自分が無用に感じたことはなかった。こいつは、とてつもなくでかい冗談なんだ。」

この無用感、つまり自分の存在が何の役にも立たないもののように感じられる体験に注目しておこう。というのもこの感覚は、戦闘の現場を越えて、当時の社会のさまざまな場面に感染してゆき、個から全体への移行に続いて、新たな「非人間的なもの」を生み出すことになるからだ。

それは「無意味」である。

†第一次世界大戦の申し子

ここで、私たちは第一次大戦の戦場からスイスの中立都市チューリヒに移動する。一九一五年秋、前の年の七月に始まった戦争が、クリスマスには終わるだろうという楽観的な予想を裏切って一年以上も続いていた頃、レーニンからジェームス・ジョイスまで、雑多な亡命者やアーティストたちが戦火を逃れて集まっていたこの都市に、ひとりのルーマニア人が到着する。本名サミュエル・ローゼンストック、一八九六年にカルパチア山脈の麓の小さな町モイネシュティで生まれたユダヤ系の若者だ。

ブカレスト大学で哲学と数学を学び、仲間と同人雑誌を出したりしていた文学青年サミ(サミュエルの愛称)は、チューリヒの大学でも哲学科と文学科に登録するが、授業にきちんと出たかどうかは定かではない。というのも、彼がスイスにやって来た理由は戦場行きを逃れるためだったのだから。ルーマニアを発つ間際に、サミは友人イオン・ヴィエナに手書きの詩の草稿を託し、その一部がこの年の一〇月に同人誌『ケマレア(叫び)』に発表され、そこでサミはもうひとつの名前をペンネームに選ぶ。トリスタン・ツァラだ。故郷(ルーマニア語で「ツァラ」で「悲しい(フランス語で「トリスト」)」者の意味になる命名に、故国を離れる決意をした若者の心情がこめられていたことは、容易に見てとれる。この筆名と同時に、彼はフランス語を自己表現の言語として選択し、それ以後もうルーマニア語で書くことはない。そして一九六三年、パリでフランス人として死去する。

こうして、ルーマニアの奥地から来た素朴な青年は、片眼鏡の奥に野心家めいた瞳を輝かせた二〇歳の詩人トリスタン・ツァラに変身する。翌一九一六年二月八日、チューリヒのカフェ「テラス」で、ツァラはペーパーナイフをフランス語の『ラルース小事典』にあてずっぽうに差しこんで、DADAなる語(ふつうは「玩具の木馬」の意)を発見し、この二音節の語を彼が当地の友人たちと始めようとしている新しい芸術運動の名称に選んだ、というのがダダイズムの誕生にまつわる伝説である。伝説、といったのは「ダダ」の発見には諸説があるからで、たとえばドイツから来た医学生リヒャルト・ヒュルゼンベックは、自分がバルと一緒にこの語を見つけたと主張しているが、その後ツァラがチューリヒのグループを率いることになる以上、ツァラのダダ起源説がいちばん有力ではある。「ダダ」はルーマニア語では「ダー、ダー」という二重の肯定を表し、ツァラの故郷では日常的に用いられる表現だ。

そして、この三日前に、おなじ街のシュピーゲル・ガッセにドイツ人作家フーゴ・バルが詩人でダンサーのエミー・ヘニングスと一緒に文芸カフェ「キャバレー・ヴォルテール」を開店する。このカフェを拠点としてチューリヒ・ダダの運動が始まった。ドイツとフランスが戦火を交えていた最中に、中立国とはいえドイツ語圏の都市チューリヒで、自分の店の名前に、ドイツ人のバルが一八世紀フランスの啓蒙哲学者を選んだのはあきらかに意図的だ。これは、本人も言うように「国粋主義的解釈」と「ドイツ的精神」から距離を置いて、コスモポリタン的な運動を展開しようという発想のあらわれだった。事実、一九一六年六月に一号だけ出た雑誌『キャバレー・ヴォルテール』にはフランス人のアポリネール、ロシア人のカンディンスキー、イタリア人のマリネッティらが協力していた。

チューリヒ・ダダの歴史を詳しくたどる余裕がないので、その展開を十数行で要約しよう。最初バルが構想していた各国の参加者の詩や絵や歌を集める程度のソフトな運動は、ツァラの攻撃的なキャラクターによってしだいにハードでアヴァンギャルドなものとなる。つまり、過去の伝統や既成の価値観をすべて否認し、キュビスムや未来派など同時代の芸術運動もこきおろす、まさに「駄々っ子」的な方向にむかうのだ。

一九一六年三月の同時進行詩「提督は借家を探す」（数人が異なる言語で別々の詩を同時に朗読するパフォーマンス）や七月の第一回「ダダの夕べ」での演劇『アンチピリン氏の第

一回天上冒険』の上演（アンチピリンはツァラが常用していた頭痛薬）をつうじて、運動の中心はツァラに移る。翌年バルがチューリヒを去ると事実上ツァラの独裁が始まり、一九一七年から一九年まで「ダダの夕べ」のパフォーマンスと雑誌『ダダ』の発行によって、チューリヒ・ダダは無軌道で無責任な反芸術運動のイメージを世界中にまき散らす。なかでも、一九一八年の「ダダ宣言一九一八」で、ツァラは「ダダは何も意味しない！」と叫び、「私は良識を嫌悪する」「破壊と否定の大仕事をなしとげるのだ」「すべてを掃き出せ、洗い流せ」とうそぶいて、「無意味」と「否定」のメッセージの発信者となる。

ところが、この年の一一月一一日にドイツの無条件降伏で第一次大戦が終わると中立都市チューリヒの魅力はすぐに色あせ、ダダの参加者たちの多くが自国に戻りはじめて、運動は一九一九年四月の「ダダの夕べ」と一〇月の雑誌『ツェルトヴェッグ』（チューリヒの町名）を最後にあっけない終わりを告げる。ヒュルゼンベックらドイツから来たメンバーは、新たにベルリン・ダダを始動するが、ツァラはその名のとおり故国に帰るはずもなく、ピカビアやブルトンらフランスのアーティストの誘いを受けて、一九二〇年一月パリに乗りこんで、パリ・ダダが幕を開ける。この新しい展開から、やがてシュルレアリスムが生まれることになる。

チューリヒ・ダダは戦争によって始まり、戦争とともに終わったのだった。

†ダダは何も意味しない

ダダ、とりわけチューリヒ・ダダが、表現主義、キュビスム、未来派、シュルレアリスム等々、時期は多少前後するが、ほぼ同時代のアヴァンギャルド芸術運動ときわだって異なる点は、まずそのネーミングだ。ダダ以外はすべて、運動体の主張や内容を表す概念語に「主義（イズム）」という接尾語を付けてつくられている。慣例にしたがって「未来派」と訳したイタリアのグループも、原語ではfuturismo/futurism＝未来主義である。ところが、ダダの運動を他の例にならってdadaism＝ダダイズムと呼んだとしても（当事者たちもそう言っていた）、この語はダダの内容をすこしも表しはしない。なぜだろうか。

答えはかんたんだ。ツァラが一九一八年のダダ宣言で強調したとおり、

☞ダダは何も意味しない

からである。

ここで、ジム・ジャームッシュの映画『デッドマン』（一九九五年）を思い出せば、話がわかりやすいかもしれない。ジョニー・デップ演じるアメリカ東部出身の若者が、職を求めて訪れた西部の街で意外な事件に巻きこまれて傷つき、ギャングに追われる身となるが、ある知的なネイティヴ・アメリカンと出会って死へのイニシエーションの過程をたどるといったストーリーだ。このインディアンは「ノーボディ（誰でもない）」と名乗るので、若

者が山賊に「誰かいるか」と聞かれて「ノーボディがいる」と答えると、相手は「誰もいないんだな」と言って立ち去ってしまう。

ジャームッシュ監督の命名法にならえば、「ダダは何も意味しない」という表現は「ダダはリヤン＝ナッシングを意味する」と読みかえられる。つまり、ダダは無意味を意味する言語だというわけだ。このことは、先ほどふれたダダの攻撃性に重大な変更をもたらす。いくら「破壊」と「否定」を強調しても、そうした宣言自体が文字どおり「無意味」であるなら、つまり意味作用から切り離されたものであるなら、どれほど攻撃的な言葉もメッセージとしての価値を失ってしまうのである。

†ロンリネスから無意味へ

この点については、ツァラ自身が一九二二年にパリで、絵画や文芸関係の資料のコレクターだった裕福な服飾業者ジャック・ドゥーセ宛に送った手紙で「すでに一九一四年に、私は語からその意味作用を奪いとることを〔…〕試みていました」と書いていたことは、たいへん興味深い（「一九一四年」という年代は、ダダの起源をツァラのブカレスト時代にまでさかのぼる可能性を示唆しているが、この問題については別のところ〔『アヴァンギャルドの時代』、未來社、一九九七年〕でふれたので、ここでは立ち入らない）。というのも、ダダ宣言が言葉を意味作用から切断することをめざしていたという事実が、この手紙からあきらかになるからだ。

言葉と意味作用との切断、それは言語によって成立する人間的な関係性そのものの切断に結びつく。ツァラは一九一八年に「私は頭脳の引出しと社会組織の引出しを破壊する」と言い、一九二〇年に「もはや言葉を信じるべきではないのか。いったいいつから、言葉はそれを発する器官が思考し、望むのと反対のことを表現するようになったのだろうか」と問いかけた。このように、ダダは言語への不信を無意味のメッセージへと転化することで、戦争がもたらした非人間的な時代の表現者であろうとしたといってよい。だからこそ、ダダの無意味はセリーヌが戦場で実感した人間存在の無用感につながることができたのだった。

ところで、前の章で、ソリチュード＝孤独がロンリネス＝孤立感に変わるとき、全体主義への誘惑が生まれるというハンナ・アレントの指摘にふれておいた。そこで、ダダがロンリネスへのシフトの共犯者だったと書いたが、たしかにツァラのダダ詩篇からは攻撃的なダダイストの意外な表情が浮かび上がってくる。

次の作品は一九一八年六月、チューリヒでハンス・アルプの版画入りで刊行された詩集『詩篇二五』に収録されたものだ。この詩集は、翌月の「トリスタン・ツァラの夕べ」で発表される「ダダ宣言一九一八」とともに、チューリヒ時代のツァラの代表作である。そこでは擬音語を思わせる無意味な音声に孤立感を表す言語が奇妙に混ざりあう。

アエウオ　ユユユ　イエウオ
ドルルドルルグルルグルル
緑の持続の切片がぼくの部屋を飛びまわる
ア　エ　オ　イ　イイ　イ　エ　ア　ウ　イイ　イイ　下腹部　（「セグロウミヘビ」）

冷たい魂のなか　ぼくはひとり　ぼくは知ってる　ぼくはひとり〔…〕（「聖者ダンス三月」）

戦争／あそこだ
ああ　花崗岩に変身して固すぎて重すぎて母には抱けなくなった新生児　（「聖女」）

この新生児のイメージは衝撃的だ。言語の意味作用によって成立する人間と人間との関係性をあえて切り捨てて無意味の誘惑に身をゆだね、その結果、母なる社会から拒絶されることを選んだダダたちの自画像だからである。拒否と孤立の言語の試みは、機械と群衆の時代が導いた戦争による人間の破壊と無用化とどこかで重なりあっていた。だからこそ、ダダはスイスの街をはるかに越えて、世界中の若者たちに共感を拡大することができたのではなかっただろうか。

そして、この共感はもはや関係性へのノスタルジーに満ちたロンリネスでさえなかった。そんな感傷的なレヴェルを越えて、「新生児」は無意味で無感覚な物体に変身し、時代の感性は全体の生み出したロンリネスから切断のもたらす無意味へと、再び転換をとげる。ツァラのダダは人間のモノ＝オブジェ化をすでに予感させるものだった。

もちろんダダの実験は、すくなくともチューリヒ・ダダの時期には社会運動としての性格をまったくともなわなかったから、それは言葉と意味とのあいだに回復不可能なズレを生じさせる無邪気なゲーム以上のものではなかった。とはいえ、西欧近代の開始を誇らしげに告げたはずの「普遍的人間」という思想の破局をダダがいちはやく反映していたとすれば、ツァラの無意味の宣言はそれほど無邪気な行為ではなかったことになるだろう。この思想が構築した市民社会＝国民国家というシステム、つまり権利と義務の主体としての個人が「国語（自国語）」という制度化された言語の関係性を受け入れることを当然の前提とするシステムは、わずか一世紀あまりで最初の巨大な衝突をむかえずにはいられなかったのである。人間と言葉を異物化して見せるダダの操作には、非人間的な時代そのものがあざやかに反映されていた。

†速度の美

ダダは戦争から生まれたと言ったが、第一次大戦が始まる五年前、チューリヒのグループより七年も前に言語と人間をめぐる新しい美学を提案し、ダダよりはるかに社会的なひろがりをもつ運動を展開しようとしたグループが存在した。ミラノを拠点とするイタリアの未来派だ。

一九〇九年二月二〇日、フランスの大新聞『ル・フィガロ』に、イタリアの詩人フィリッポ・トンマーゾ・マリネッティ（一八七六―一九四四）は「未来派の創立と宣言」（「未来派創立宣言」と呼ばれる）を発表した。「われわれは新しい美を創造した。それは速度の美だ」というこの記事の断言で未来派の運動が開始されたことは、二〇世紀の初頭を飾る神話的エピソードでさえある。

ここで注目しておきたいのは、イタリア人であるマリネッティがフランスのマス・メディアに、みずからフランス語で執筆したテクストを掲載したことだ。そこには、より普遍性をもつ媒体を利用して未来派を売りこもうという戦略が働いていることは言うまでもない。この戦略は大成功で、一九〇九年五月には森鷗外が雑誌『スバル』にこの宣言を紹介したほどだ。だがそれ以上に、ルーマニア人ツァラの「ダダ宣言」の場合同様、「未来派創立宣言」があえて自国語以外の言語で書かれたことは、市民社会＝国民国家という枠組みのゆらぎをすでに暗示していた。

マリネッティは速度の美の宣言に続けて、「爆音をとどろかせるレーシング・カーは〔…〕サモトラケのニケの像〔ルーヴル美術館にある古代ギリシアの石像〕より美しい」と書いた。ここからもあきらかなように、イタリア未来派はおそらく世界ではじめて機械と速度のもたらす新しい美学を公然と宣言したのだったが、そのことはもう多くの人びとによって語られてきたので、ここでは別の側面に焦点をあててみよう。

「未来派創立宣言」はグループの創立にかかわるエピソードを紹介した前文と、全一一項の宣言によって構成されている。「速度の美」は第四項だが、そこで新しい美の実例とされている「速度」とは未来派にとってどのようなものだったのかについては、第八項の記述が印象的だ。

「われわれは諸世紀の最先端の岬にいる。〔…〕不可能の神秘の扉を打ち破らなければならないとき、後ろをふりかえってもいったい何になるだろう。時間と空間は昨日死んだ。いたるところに存在する永遠の速度を創造した以上、われわれはすでに絶対のなかに生きているのだ。」

第四項で自動車という当時の先端技術のシンボルに結びつけられた「速度」が、時速二〇〇キロ（この頃の自動車の最高時速）などといったレヴェル以上に、あらゆる存在の本質、または絶対的な概念としてとらえられていることがよく理解できるテクストだ。ここでいう速度とは、静止した「私」を置き去りにするスピード感であるばかりではない。「私」

自身もまたつねに前進する運動の渦のなかにいる。だから、動かない「私」を定点とする視線がつくりだす透視遠近法的な時間と空間の認識は、もはやその有効性を失ってしまうのだ。

†ニーチェとベルクソン

こうして、宇宙のあらゆる存在が「永遠の速度」とともにあり、すべてが前方の「未来」へむかって動いているという時空の意識こそが「未来派＝未来主義」というネーミングをマリネッティとその仲間たちに思いつかせた。彼らがこの発想を非ユークリッド幾何学（リーマンの「楕円幾何学」は一八五四年）や相対性理論（アインシュタインの「特殊相対性理論」は一九〇五年）など、ほぼ同時代の科学思想の展開から受けとったことは確実だ。また、ニーチェ（「権力への意思」と「超人」の思想）からベルクソン（「エラン・ヴィタル〔生の跳躍〕」の思想）にいたる哲学の新しい流れから多くを学んでいたこともすでに確認されている。

たとえば、未来派の主要メンバーだったP・コンティは「ニーチェはわれわれにとってすべてだった。彼は凡庸さと道徳主義からの解放、再生と錯綜からの救済の能力、これまで蓄積されてきたすべてを疑う能力を代表していた」と、一九七八年に当時を回想している。マリネッティがニーチェを読んだのは、一八九四年にパリのソルボンヌ大学在学中で、それも刊行されたばかりのフランス語訳によってだったと思われる。彼がニーチェから強烈なインパクトを受けていたことは、一九〇九年四月にパリで上演された戯曲『たらふく王』が『ツァラトゥストラ』の、ある意味でパロディとも言える作品だったことからもあきらかだ。

また、ベルクソンについては、一九一二年の「未来派文学の技術的宣言への補遺」で、未来派のリーダーはフランスの哲学者の名を挙げて、その影響の大きさをみずから認めている。とりわけ「未来派創立宣言」の二年前に出たベルクソンの『創造的進化』は、マリネッティのテクストに直接反映している。時計で計られる日常的時間の虚構性を指摘し、現在と未来が相互浸透しながら質的変化をもたらす「持続」としての時間の絶対性を主張したフランスの哲学者の著作中の記述は、多くの点でイタリアの詩人の一九〇九年の宣言と重なっているのである。「時間の流れの速さが無限大になり〔…〕、物質的宇宙の過去・現在・未来の歴史が空間内に一瞬にくりひろげられる」というベルクソンの仮定は、マリネッティの「時空の死」と「絶対的速度」そのものだ。

もちろん、ニーチェとベルクソンは二〇世紀初頭にもっとも多くの支持者を得た哲学者たちだったから、未来派が彼らから何ごとかを学んでいても驚くには当たらない。「現状の一掃（タブラ・ラサ）」をめざしたマリネッティたちの感性は、惰性的な現実への懐疑とそこからの飛躍を強調した二人の思想家のそれとほとんど一体となっていたのである。

†「機械人間」の登場――死の観念からの解放

時空と速度の新しいエピステモロジーを武器として華々しい出発をとげた未来派は、やがて知性と主体の安定した場所としての「人間＝私」に立ちむかうことになる。最初の宣言ほどよく知られていないが、同様に重要な一九一二年五月の「未来派文学の技術的宣言」を見てみよう。

題名からもあきらかなように、このテクストは未来派の作詩法を提案したものだ。形容詞や副詞を廃止せよ、句読点を廃止せよ、統辞法（シンタックス）を廃止せよ、動詞を（主語に合わせて活用させずに）不定法で使用せよ等々、当時にすれば過激な提案がならんでいるが、なかでも興味深いのはつぎの箇所である。

「文学における「私」を破壊せよ。すなわちあらゆる心理学を破壊せよ。図書館と美術館によって徹底的に傷めつけられ、おそるべき論理学と知性に従属させられた人間など、もはやまったく何の価値もない。だから、それを廃止し、物質で置き換えるのだ。」

「未来派の詩人たちよ！　私が図書館や美術館を憎むように教えたのは、諸君に知性を憎悪する覚悟をうながすためだった。〔…〕動物の統治のあとは機械の統治が始まる。〔…〕われわれは部品交換可能な機械人間の創造を準備している。われわれは人間を死の観念から解放するのだ。」

一九〇九年の宣言で提示された速度と機械の新しい美学の射程が、ここでようやくあきらかになる。「私」を破壊し人間を物質で置き換え、「機械人間」の創出さえも企てるという未来派の反知性と反人間の叫びは、理性的主体としての個人を土台とする近代社会そのものにたいする反抗につながっていたのだ。したがって、彼らの「未来」は西欧社会の発展の結果として予想される場面ではない。むしろそんな時空を葬り去って、一切を白紙の状態（タブラ・ラサ）に戻したうえで構想される新たな次元の秩序であり、そこでは機械と速度が未知の人間像（「超人」としての「機械人間」！）をつくりだすことになるだろう。「機械人間」という表現から当然思いつくのは、時代はすこし後になるが、たとえばフリッツ・ラングの映画『メトロポリス』（一九二六年）の人造人間マリアのようなイメージだろう。マリネッティ自身、「未来派創立宣言」発表の直前の一九〇九年一月一五日に、自作の戯曲『電気人形』を初演していた（日本でも戦前築地小劇場で上演されたことがある）。これはイプセンの『人形の家』（一八七九年）を意識した作品で、ヒロインのメアリー・ウィルソンと夫ジョンの間に過去の三角関係からひきおこされる感情のもつれがテーマになっている。筋書きなどは省略するが、この作品の特徴は、主人公たちがみなそれぞれの分身である「電気人形」（といっても、じつは等身大の着ぐるみ）につきまとわれ、劇の進行とともに人形たちが人間の言うことをきかずに勝手に動き始めることである。

もっとも、主人公たちの名前がポーの分身物語「ウィリアム・ウィルソン」を想起させるように、この「電気人形」は機械と速度のシンボルと言うよりは、むしろ制御しきれなくなった内面性の形象化としての性格が強いように思われるので、作者が未来派独自の発想にたどりつく以前のアイディアだと考えられる（シナリオは一九〇六年に書かれていた）。「機械人間」が非人間的なものと結びつくのは、それが「死の観念からの解放」をめざしているからではなかっただろうか。

†「全体の不死」へ

「死」が誰にも逃れられない宿命であるのは、個としての人間の生の終わりに待ち受けている避けられない出来事であるからにほかならない。だが、個から全体へと視点を切り換えるとき、個の終わりはむしろ全体の持続を保証する契機でさえある。未来派の「死の観念からの解放」が、個人の生命を最優先する「人権思想」的性格を共有していなかったことは、戦争を「世界の唯一の衛生法」として称賛した「未来派創立宣言」ですでに明白に示されていた。だから、発想を変えて「私」への執着を消してしまえば、個人の死は悲劇的な結末ではなくなるだろう。

マリネッティが一九一二年の宣言で「私の破壊」を「機械人間」に結びつけたことは、

この点で大きな方向転換を暗示していた。それが個人の死から全体の不死への転換だとすれば、未来派という運動体の個から全体への重心移動は、このときすでに開始されていたと言ってよい。それから二年後に始まったヨーロッパ大戦が終わった翌年、マリネッティはムッソリーニと肩をならべて最初のファシスト組織の結成集会の壇上に姿をあらわすことになる。

マリネッティ自身の思想形成に関してひとことつけ加えるなら、「死の観念からの解放」は、イタリアの詩人・作家ガブリエレ・ダヌンツィオ(一八六三―一九三八)の小説『死の勝利』(一八九四年)から着想を得ているとも言えるだろう。ダヌンツィオの影響は、たとえば「未来派創立宣言」前文中の、夜明けの街角に立つ「死に神」をフル・スピードで疾走する自動車で置き去りにする描写などに色濃く表れている。

また、一九一九年にダヌンツィオが地中海沿岸の軍港に部隊を率いて進軍し一時占拠した「フィウメ占領」を、マリネッティは熱狂的に歓迎していた。のちにムッソリーニの呼称となる「ドゥーチェ〔総統〕」は、このときダヌンツィオを指して用いられた言葉だ。

†アヴァンギャルドからファシズムへ——未来派の場合

こうして見てくると、ゴビノーら一九世紀フランスの思想家が唱えた反人間主義的言説が、まったく別の視点から「私」の破壊を提案した未来派や無意味を宣言したダダなど、アヴァンギャルド諸派の主張と奇妙に一致していることが実感される。一致とは、この場合もちろん反近代という方向性でのそれだ。すでにふれた個から全体への関心の移動は、機械とスピードの時代の到来と戦争による無差別な殺戮をつうじて、個の生命の無意味さと不死の全体の誘惑へと変貌してゆく。ここまで来れば、アヴァンギャルドがファシズム＝全体主義と出会うのは、もう時間の問題だった。

ところで、アヴァンギャルドから全体主義へという問題設定には、二つの側面がある。ひとつは、アヴァンギャルドの芸術運動を担った人びとが直接・間接にファシズムやナチズムの政治運動に参加するようになったという事実であり、もうひとつは、アヴァンギャルドの発想と提案が全体主義のそれとどこかで通底していたという可能性である。どちらもたいへん大きな問題なので、とても数ページで片づけられはしないが、人間的なものの非人間的なものへの変容という私たちのテーマとのかかわりで、それらの要点にとりあえず接近しておくことにしよう。

まず、いちばん目につく光景は、第一次大戦の終結後間もない一九一九年三月二三日、ミラノのサン・セポルクロ広場の場面である。この日、ムッソリーニを指導者として最初のファシスト組織「戦闘ファッシ」の結成集会が開かれたが、マリネッティは他の未来派のメンバー（カルリ、コッラ、デシ、ベッキ）とともに壇上で紹介され、この組織の中央委員に選出されたのだった（ベッキが集会の議長になった）。この日は、イタリア・ファシズム誕生の日とされるから、未来派の指導者は創立当時からファシズムの有力メンバーだったことになる。そして、一九二二年のローマ進軍によってムッソリーニが権力の座についてから二〇年以上もの間、未来派はファシスト体制の公認芸術としての役割を演じるのだ。じつは、未来派とムッソリーニとの接触は第一次大戦開始直後から始まっていた。一九一四年の開戦と同時に、すでに政治運動の色彩を強めていた未来派はイタリアの参戦を主張し、当時イタリア社会党元幹部で、やはり参戦を説いて党を追われたベニト・ムッソリーニと共闘関係にあったのである。

戦時中は両者の関係はそれほど積極的なものではなかったようだ。しかし、戦争末期になると、ムッソリーニは政治勢力としての未来派の影響力に関心を抱くようになり、一九一八年七月一四日、マリネッティとの出会いがトリノでようやく実現する。その後、場所をミラノに移して両者は頻繁に会見するが、ファシズムの指導者が未来派の詩人にあたえた印象は強烈で、マリネッティはムッソリーニを「ハンサムな顔だち、力強く、知的で、健康で、それでいて情熱的な苦渋の表情にゆり動かされ、〔…〕未来派の思想に満ちあふれている」と評したほどだった。

こうした出会いが、一九一九年三月二三日の集会に結びついたわけだ。未来派は初期ファシズムの主要メンバーとなり、おなじ年の四月一五日には、「メルカンティ通りの戦い」と呼ばれるミラノの社会党機関紙『アヴァンティ』編集部襲撃事件にも、ファシストたちと肩をならべて参加している(ムッソリーニは元同紙編集長だった)。そして、一一月の総選挙にはマリネッティがファシスト組織のナンバー2としてムッソリーニとともに総選挙に立候補し、ともに落選するという事態にまで発展するのだ。

その後、労働運動の評価などをめぐって一時的にファシズム運動から距離を置いたものの、一九二二年にファシズムが権力を掌握するとマリネッティは新体制下で未来派の存在感の維持を企てる。彼は、「ファシスト政府は未来派の最小限綱領を実現した」と述べてムッソリーニに再接近を図り、一九二四年の文書「未来派とファシズム」では「ファシズムは未来派から生まれ、未来派の諸原理によって育まれてきた」、「未来派は芸術的・思想的運動だが、国家の深刻な危機にさいしては政治的運動となる」とさえ書くことになる。こうした態度が、未来派のリーダーに芸術家や思想家よりはむしろ政治家のイメージをあたえてしまうことは否定できない。

一九二〇年代以後の未来派は、運動の指導者が体制にとりこまれてゆくに連れて(マリネッティは一九二九年に王立アカデミー会員となる)もはや反社会的なアヴァンギャルドとしての性格を失っていく。『未来派と政治』(一九九六年)の著者ベルクハウスも言うように「展覧会のスペースや出版社や劇場の利用を確保するために、家父長的な保護者であるマリネッティを必要とした、モダニズム的な趣向をもち、自分自身は非政治的なアーティストたちの運動」に変質してしまうのである。ムッソリーニにしても、最初は未来派の知名度と影響力をあてにしていたから、一九二五年に「ファシズムの政治は速度の政治である」と宣言したこともあったが、やがて気まぐれな芸術家たちを（少なくとも政治的には）必要としなくなり、両者の対等の関係は終わりを告げる。未来派の失速と言うほかはない。とはいえ、バウハウスなど新しい芸術運動をきびしく弾圧したナチス・ドイツにくらべれば、イタリアのファシズムが、かつてアヴァンギャルドの先頭に立っていた未来派のメンバーたちを「体制芸術」にとり入れたために、都市計画、公共建築、工業デザイン等々の領域で独自の活動が展開される可能性が開かれたことはたしかだ。過去との断絶を主張した未来派が、二つの世界大戦間の時代に生き残り、今世紀初頭の機械と速度の美学を戦後の時代に伝える役割を果たすことになったのは、歴史の逆説ではあった。

†ダダからナチへ――ベルリン・ダダの場合

一方、ダダは、第一次大戦末期から終戦後にかけてベルリンに拠点を移した。ファシズム運動の最初期からムッソリーニと行動をともにしたマリネッティをゆるぎない指導者とした未来派とはまったく異なる展開ではあったが、彼らの活動は、ナチの出現とその巨大化の過程と重なりあう時代精神を背景としていた（ダダとナチとの関係については、平井正の大著『ダダ・ナチ』〔一九九三―九四年〕に詳しい）。

ベルリン・ダダの最初の催しは、一九一八年一月二二日にヒュルゼンベックがノイマン画廊でおこなったダダについての講演だった。といっても、チューリヒでの彼自身の体験を要約して語ったものにすぎず、無意味と拒否の叫びとしてのダダを再生させるイヴェントではなかったが、この出来事をきっかけとして「クラブ・ダダ」がヒュルゼンベック、ラウル・ハウスマン、ジョージ・グロスらによって結成され、四月には「ダダの夕べ」が開催された。

この「夕べ」でヒュルゼンベックが読み上げた「ダダ宣言」が事実上ベルリンの運動の出発点になったが、このときの「この宣言の署名者たちは闘いの叫び、ダダ!!! のもとに結集した」「ダダは周囲の現実とのもっとも原始的な関係を象徴している」「言葉とイメージにおけるダダイズム万歳! この世界のダダ的出来事万歳! この宣言に反対することはダダイストになることだ!」といった調子は、チューリヒ・ダダの最盛期を思わせるものだった。それ以後ベルリン・ダダは、自立した運動としてフォトモンタージュやコラージュなど独自の活動を開始し、一九二〇年六月にはメンバーにマックス・エルンストを加えて「ベルリン国際ダダ見本市」が開かれるようにさえなる。

チューリヒのダダが政治にはまったく無関心だったのにたいして、ベルリンのダダイストたちは、一九一八年のヒュルゼンベックの宣言に「ダダイストになることとは、芸術家よりはむしろ〔…〕政治家になることだ」とあったとおり、初めから政治運動をめざしていたとも思われるほどだ。一九一九年一月にカール・リープクネヒトとローザ・ルクセンブルクらのスパルタクス団（社会民主党極左派）によるベルリン蜂起が二人の指導者の虐殺という悲惨な結果に終わった直後の一月三一日、彼らは「世界革命ダダ中央委員会」なる組織を結成する。

こうした動きの中で特徴的なのは、ダダイストたちが「ヴァイマール（共和国）反対！」のスローガンを掲げたことである。とりわけ、ヨハネス・バーダーは新聞の号外を真似て「ベルリン・ダダのヴァイマールにたいする戦闘、全戦線で勝利」などと記したビラを撒いたりした。そして、二月に社会民主党のエーベルトを大統領としシャイデマンを首相とするヴァイマール連合内閣が成立すると、彼らはダダの雑誌『誰もが自分のフットボール』を発行する。この奇妙な題名が、頭部がフットボールになった紳士風の男を表紙に描いたことに由来するように、この雑誌は風刺と嘲笑によって「軍国主義、強権主義、社会民主党と俗物的市民」（平井正『ダダ・ナチ』）を攻撃しようとしたものだった。

結局、チューリヒの場合より「政治的」だったと言っても、ベルリン・ダダにとって政治とはパロディにほかならない。だから、その根底には無意味と無価値への執着が失われてはいなかったことは、当事者のひとりハウスマンのつぎの言葉が示すとおりだ。

「われわれは民主主義も自由主義も望まない。われわれは資本の前で震えはしない。〔…〕われわれは不確実性のために生きる。われわれはブルジョワを喜ばせる諸価値を望まない。われわれは無＝価値と無＝意味を望む！　われわれはポツダム＝ヴァイマール体制に反逆する。それはわれわれのためにつくられたものではないのだ。」（「ヴァイマール精神に反対するダダ」一九一九年四月）

†現実の政治世界——ナチの台頭

ベルリン・ダダとちょうどおなじ頃、もっと現実政治に深くかかわる新たな運動が姿をあらわしていた。ヒトラーのナチだ。一九一九年一月ミュンヘンにアントン・ドレクスラーが創設したドイツ労働者党の集会に、当時三〇歳のアドルフ・ヒトラーが参加したのは九月一二日のことだった。この極右の小政党は翌一九二〇年に名称を国家社会主義ドイツ労働者党（NSDAP／ナチ）と改め、二月二四日、ミュンヘンのビヤホール「ホッフブロイハウス」で集会を開き、ヒトラーがドレクスラーと作った二五箇条の綱領を発表するが、そこにはすでに「非国家公民〔ユダヤ人〕を国家から追放する」という反ユダヤ主義が明確に表明されていた。

その後、戦後の混乱と民衆の不安に乗じて党勢を拡大したナチは、一九二一年七月の臨時党大会以降ヒトラーを独裁的な党首として、突撃隊（SA）、党青年同盟（ヒトラー・ユーゲント）、親衛隊（SS）などを組織しながら、たくみに広範な大衆の支持を得てゆく。そして、一九二三年一一月のミュンヘン一揆の失敗とヒトラーの投獄があったが、一九三〇年の総選挙で六四〇万票、一〇七議席を獲得し、第二党に躍進、三二年には三七パーセントの得票率で第一党となり、一九三三年一月三〇日にはヒトラー内閣が成立してしまう。創立時にベルリン・ダダの面々がこぞって反対したあのヴァイマール共和国は、彼らの期待とはまったく別の状況によってついに崩壊し、第三帝国の支配が始まるのである（ベルリン・ダダの運動は、一九二二年にはもうすっかり衰えていた）。

このような展開の果てに、ダダイストたちがどうなったかと言えば、バーダーはハンブルクに退き、グロスはアメリカに移住し、ハウスマンはナチの弾圧を避けてスペイン経由でフランスに渡り、ヒュルゼンベックは医者だったのでアメリカで精神科医となった。したがって、「ダダからナチへ」と言っても、もちろん未来派の場合のようにアヴァンギャルド運動の参加者たちがファシストになったわけではない。それでも時代の状況は、「破壊と否定の大仕事」（ツァラ）をダダの観念的なレヴェルからナチの現実的なレヴェルへと移行させ、その結果、全体主義の権力を出現させたのではなかっただろうか。

もう一度くりかえすが、このあり得ないはずの事態の裏には、ソリチュードからロンリネスへの変容があった。そして、その前提になったのが、関係性の切断による、「私」の「無意味」化であり、それをいちはやく強調したのがダダだったのだ。こうした位相のもとで、ダダとナチという「二つのラディカリズム」は「似て非なる相似形」（平井正）を呈していたのだった。

†「芸術の非人間化」――オルテガの逆説

ところで、話は変わるが、ダダが無意味の祝祭を展開して、ヨーロッパの伝統的な文化や芸術を動揺させたのとほぼ同時代に、「芸術の非人間化」を説いたスペインの思想家がいた。文字どおり『芸術の非人間化』という著作を書いたオルテガ・イ・ガセット（一八八三―一九五五）である。よく知られたテクストだが著者の解釈には異論もあるので、この章の最後にすこしだけ接近しておこう。

一九二五年だから、パリ・ダダの運動が事実上終焉した二年後に発表されたこの評論で、オルテガは同時代の芸術について、およそ次のように述べていた。（引用文は『芸術の非人間化』川口正秋訳、荒地出版社、一九六八によるが、その底本である英語訳 ORTEGA Y GASSET, *THE DEHUMANIZATION OF ART AND OTHER WRITINGS ON ART AND CULTURE*, Translation from Spanish by Williard R. Trask, Doubleday Anchor Books を参照し、必要に応じて訳文を改めた。）

まず、著者は「高名な人」の臨終に立ち会う四人の人物を呼び出し、目の前の死という事件との距離に応じて、こう分類する。彼の妻（距離はゼロ、事件を「生きている」）、医者（距離は離れているが職務上の出来事として事件を「生きている」）、新聞記者（観察者ではあるが読者を「泣かせる」ために、事件を「生きている」と装うことはできる）そして画家（「目を開いて眺める以外に何もしない」、心理的距離は最大、感情の介入は最小）である。

ここで「生きている」とは、死という出来事を客観的観察者としてではなくて、自分自身の生の一部として体験することだとすれば、四人のうちで、臨終の場面を平然と眺めた画家はもっとも「非人間的」だと考えられるだろう。しかし、画家が「悲嘆にくれる人物に囲まれて死の寝台に横たわる男」を描くとき、その絵が唯一の現実であるかのように思わせるほど「生きられた」（心理的距離が極小であるような）感情を表現しているなら、その絵は「人間的」な作品となる。逆にいえば、「絵画も詩も、「生きた」様相の名残がなければ、理解できないものとなる」と、オルテガは言う。

こうした前提に立って、「現代〔二〇世紀初頭〕の芸術作品にみられる最も一般的な特徴を突きとめてみると、「芸術の非人間化」という傾向に出くわす」と著者は言う。

一八六〇年代の画家にとって、彼の作品の対象は「まだ絵画の外の世界にあって「生きられた」、または「人間的な」現実の一部」だったのだが、現代アーティストは「現実に背を向け」、「現実の姿を歪めようとし、その人間的様相を粉砕し、これを非人間化しようとする」。つまり、「対象から「生きた」現実の様相を剝奪することによって、アーティストは、日常世界へわれわれを連れもどす橋や渡し舟を爆破してしまったのである」というわけだ。（「橋を爆破」という箇所は、フランスの美術史家ピエール・フランカステル〔一九〇〇—七〇〕が、『絵画と社会』一九五一で二〇世紀初めの芸術に関して用いた表現と重なっているが、そのことについては後で立ち戻る。）

こうして、「アーティストは人間的なやりとりがまったく不可能な事物にとり囲まれた理解不能な世界にわれわれを閉じ込め、事物との日常的な交渉とはまったく異なる別種の交渉で、その場をしのぐことをわれわれに強いる。そこでわれわれは、それらの特異な形態にふさわしい前代未聞の身振りを工夫しなければならなくなる。自然のままの生き方の廃棄を目標とする新しい生き方こそ、芸術の理解とか享受とかよばれるものとなったのである」と、オルテガは強調している。

そして、この種の「新芸術」については、以下のように述べられている――「まったく無意味の、したがって理解できない無内容なものを、描いたり言ったりすることはむずかしくはない。相互に関連のない語を並べたり、気まぐれな線を引けばよい（註）。「自然」の模倣でもなく、しかもそれなりに実体を有するものを構成しようとするのは、天才をもってしかできない技なのである」。そして、「註」の箇所にはこうある――「註：これはダダイストによって冗談半分に試みられた。新芸術のこのような奇行や実を結ばない実験が、その有機的な原理から、ある種の説得力をもって派生し、現代美術〔モダン・アート〕が一体となった、意味深い運動であることを証明していると再び指摘するのは、興味深いことと言わなくてはならない」。

ダダイストの「冗談半分」とは、トリスタン・ツァラが一九二〇年一二月にパリで公開した「ダダの作詩法」を指している。それは、任意の長さの新聞記事を選んで、単語ごとにバラバラに切り取り、袋に入れてから無作為に取り出して、出てきた順番に書き取るというもので、文法も意味もまったく無秩序な、まさに「理解できない無内容なもの」ができあがるという仕掛けだった。

オルテガは、この著名な論考の最初のほうで「私は現代芸術の個々の具体的な傾向にはほとんど興味がない。まして個々の作品になると、少数の例外を除けばなおさらである」と書いていたが、そんな彼でもダダのことは知っていたようだ。また「気まぐれな線」のほうは、ピカソや抽象画のことだと思われるが、著者は（このあたりの箇所では）ダダとピカソ以外に「新芸術」の固有名をあげていない。

以上、概観してきたオルテガのテクストは、彼が「新芸術」と呼んだ傾向の「非人間性」が「無意味」とつながっていることを指摘している点で、私たちがこの第2章で、とりわけダダについて強調してきたことを裏づけている。だが、その後のモダンアートの展開を視野に入れるなら、オルテガの主張には決定的な限界があることも、また事実だ。というのも、たとえば一九一七年に、ダダイストのマルセル・デュシャンがニューヨークで、便器を「泉」と名づけて「作品」化した記念碑的事件が示すとおり、すでにこの時期から、芸術は「生きた現実」を表象する技術であることをやめて、「現実」そのもの、つまり「事物」となる方向を選択していたからである。

そして、デュシャンやツァラのこの選択は、本章冒頭で見たとおり、天文学的な数の死者を出した「非人間的な」戦争(第一次世界大戦)と不可分のものだった。したがって、彼らは「現実に背を向け」たのではない。「現実の姿を歪めようとし、その人間的様相を粉砕し、これを非人間化しようとする」のは、「新芸術」のアーティストたちではなくて、最初の世界戦争と、その後の世界の「現実」そのものだったのである。

こう考えると、「「自然」の模倣でもなく、しかもそれなりに実体を有するものを構成しようとするのは、天才をもってしかできない技なのである」というオルテガの言葉は、皮肉な様相を帯びる。なぜなら、「自転車の車輪」や、あの「泉」など、作家の創作ではない「既製品」を「作品」化したデュシャンの「レディ・メイド」は、それが「自然の模倣でもなく、それなりに実体を有する」点で、まさに「天才の技」だということになるからだ。

ところで、先ほど名をあげたフランカステルは「橋の爆破」について、オルテガよりはるかに具体的にこう述べて、モダンアートと社会の変化との関係を示唆していた——(二〇世紀の初めに)「ルネサンスとの間の橋が断たれたことは事実だ。なぜなら、芸術家たちの関心をひく諸価値——リズム、速度、変形の操作、可塑性、急激な変化、転移——は、ルネサンスから生じた諸社会のあらゆる願望——安定性、客観性、不変性——とは、はげしく対立しているからである」(『絵画と社会』から訳出)。

結局、父は高名なジャーナリストで、七歳の時三時間で『ドン・キホーテ』第一章を暗誦し、一四歳までにギリシア語とラテン語をマスターするという早熟な知的形成を果たした西欧的大教養人だったオルテガにとって、「人間性」とは、たとえばノルウェー系アメリカ人の社会学者ソースティン・ヴェブレン（一八五七―一九二九）が、一九世紀末に『有閑階級の理論』（一八九九年、高哲男訳、ちくま学芸文庫、以下の引用は同書による）で分析した当時の社会の支配的階層の趣味や教養を前提にしていたのではなかっただろうか。ヴェブレンは、この種の階層の子弟を教育するエリート校で、「南欧の死語（ラテン語）」の学習に多くの時間が割かれるのは、「時間と努力の顕示的浪費」をつうじて「この浪費を可能にするために不可欠な金銭的な資力の証拠としての効用」を示すことができるからであり、古典文学の学識は「名声を入手するための効果的な手段なのである」と述べていた（アメリカ社会を対象にしているが、同時代の西欧社会にもあてはまる考察である）。

この問題に関しては、オルテガが『芸術の非人間化』で「現代生活のいたるところに、すべての人間は平等であるという腹立たしくもひどく不当な主張がひそんでいる」と述べていたことは意味深い。オルテガといえば、もちろん一九三〇年に『大衆の反逆』（神吉敬三訳、ちくま学芸文庫、以下の引用も同書によるが一部表記を改変）を刊行して、当時のヨーロッパ社会で「大衆が完全な社会的権力の座に登ったという事実」を「大衆の反逆」として、いち早く分析したことで知られている。

ここで「大衆」とは「その本質上、自分自身の存在を指導することもできなければ、また指導すべきでなく、まして社会を支配統治するなど及びもつかない」存在なのだが、この発想はすでに一九二五年の『芸術の非人間化』にも見られ、「大衆は〔…〕歴史の過程において自分の力をもたない物（英語訳でmatter）であり、精神生活の世界においても二次的な因子にすぎない」と記されている。こうした「大衆」が、二〇世紀の両大戦間のヨーロッパ社会で、ファシズム権力を生み出す巨大な力を発揮することになるのだから、その予感としてオルテガの思想は先駆的であるとはいえ、当時の「新芸術」との関係では、意外にも逆説的な方向性を示すことになる。

というのも、オルテガの「大衆」観にしたがえば、二次的な精神性しかもたない「大衆」は、古典的「人間性」を基準とすればむしろ「非人間的」な物（matter）だということになるが、一九二五年の評論で、彼は「非人間的な」新芸術が「その本質からして非大衆的であると同時に、反大衆的である」ことを指摘してから、新芸術は「この灰色の大衆社会にうずもれたエリートに、自分の同族を発見させ、多数者を前に抵抗する少数者としての使命を意識させる」と述べていたのだった。つまり、著者によれば「非人間的な芸術」は、こういってよければ「人間性」に乏しい「大衆」に受け入れられるのではなくて、「人間的な芸術」の伝統的な担い手だった知的エリートの少数者によって創り出されるのであり、この少数者を、オルテガは『大衆の反逆』で「貴族」あるいは「高貴なる生」と呼ぶだろう。それは、「世襲貴族」の堕落に抗して「つねに自分を超克し〔…〕既成の自己を超えてゆく態度をもっている勇敢な生の同義語」なのである。

したがって、オルテガは、彼が「非人間的」として批判した新芸術の若き提案者たち（彼らがダダや未来派と名乗って「アヴァンギャルド」諸派を形成したのは、まさに『芸術の非人間化』執筆と同時代の出来事だった）のうちに、じつはひそかな共感をこめて、「大衆」という「人間の凡俗なあり方」（『大衆の反逆』）に対する挑戦者の姿を見出そうとしていたと考えられるのだ。

だからこそ、一九二五年の評論で、この年四二歳のオルテガは「芸術の非人間化の第一段階」の章を、トロイア戦争から十数年後、ようやく故郷イタカ島の妻のもとに戻ったばかりの英雄を、かつての愛人である魔女の棲みかに向わせようというチャレンジングで魅力的な意思表示によって、次のように終わらせたのではなかっただろうか。

「《現実》はつねにアーティストの脱走を防ごうとして待ち伏せしている。崇高なる脱走を成し遂げるには老獪な策略を必要とする。オデュセウスとは逆に、彼は日々の伴侶ペネロペ〔貞淑な妻〕から逃れて妖精キルケ〔帰還中の航海で愛人となった魔女〕のもとへ、暗礁と岩礁とを縫って航海しなければならないだろう。」

第3章

未開

岡本太郎「太陽の塔」の謎

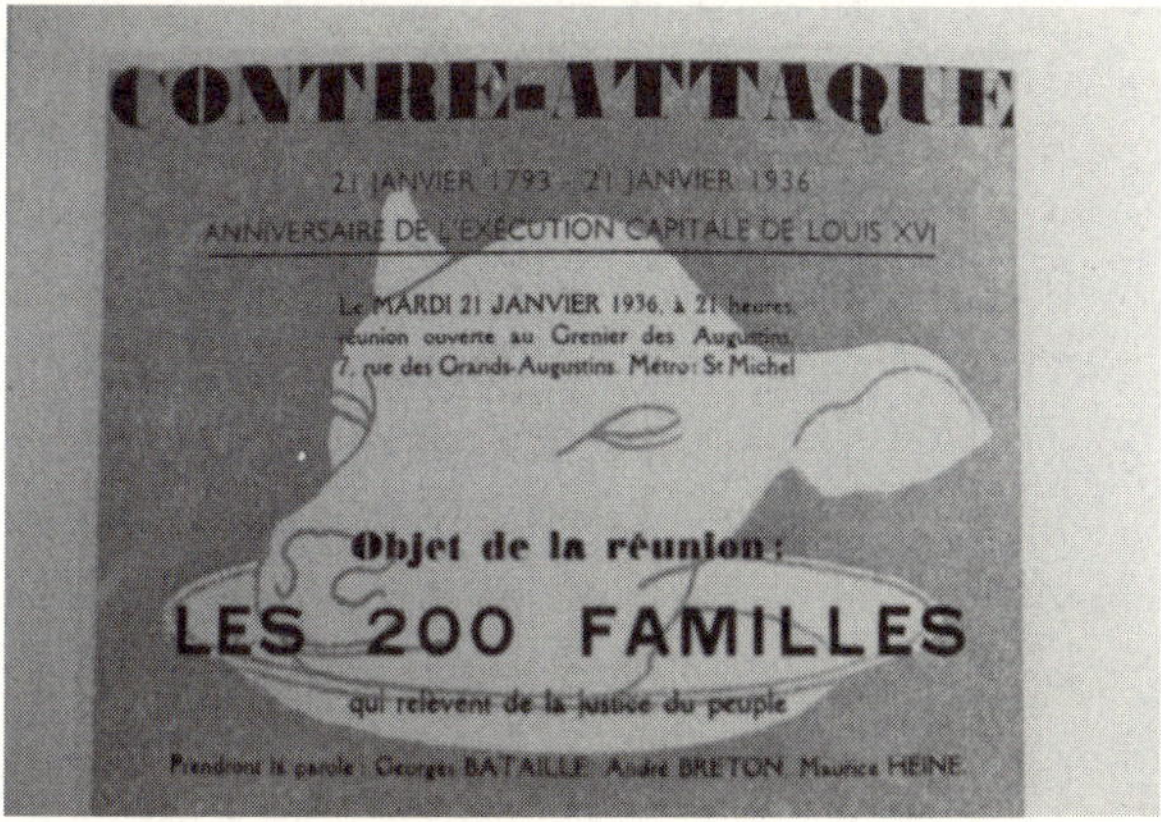

岡本太郎がはじめてバタイユと出会った集会の案内状
（1936年1月21日パリ）

†「文明」から「未開」へ

個から全体へのシフトとともに、二〇世紀文化の非人間化を特徴づけているのは「文明」から「未開」への知的関心の移動ではないだろうか。「未開」という言葉は「未・文明開化」つまり「非・文明的な」状態を意味するから、あきらかに差別的な表現ではある。しかし、ヨーロッパという「文明」の中心が、その外部の辺境に位置する「原始的」な社会を指して使用した記憶を呼び起こすために、あえてしばらく用いることにしたい。

また、ここで文化の非人間化とは、序章で見たとおり、理性の主体としての「人間」こそが普遍的存在であるという西欧型近代の発想をゆるがせるさまざまな場面での変化のことだ。普遍への信頼のゆらぎは、じつはそうした発想が人びとの実生活にもちこまれる過程で起こっている。

たとえば、個から全体への社会の重心移動は、人びとが農村型の身分制的な共同体の束縛から解放され、職業選択や移住の自由といった市民社会の普遍的権利を獲得した結果として生じている。こうして、工場労働から学校教育にいたる生活の多くの場面が集団化されたという事態をつうじて、個人主義の社会は大衆社会への変貌をとげたのだった。

このような展開と並行して西欧社会が体験した大きな変容は、ヨーロッパ世界そのものの拡張という歴史的事実だったが、そこには二つの側面がある。一つは、もちろん植民地獲得競争による領土的拡大だ。ある国家が自国以外の地域を武力で侵略して支配下に置き、先住民と資源を搾取して巨大な利潤を収奪するという意味での植民地化は、一四九二年コロンブスのアメリカ大陸到達をきっかけとするスペイン、ポルトガルの中南米略奪に始まっていた。しかし、その後イギリスとフランスを先頭にヨーロッパ「列強」がアジア、アフリカ、オセアニア等の非ヨーロッパ世界をつぎつぎと自国の領土化する帝国主義の時代をむかえるのは一九世紀に入ってからである。

そして、二〇世紀の初めには、西欧諸国による世界の分割はほぼ完了する。たとえば一九〇〇年にフランスは、日本の一・五倍ほどでしかない本国（約五四万平方キロ）の二〇倍近い一〇〇〇万平方キロを越える植民地を海外に獲得していた（アフリカ／一〇〇七万一六〇〇、アジア／六九万五五一〇、アメリカ／九万三〇一〇、オセアニア／三七〇〇、全植民地面積／一〇八六万三八二〇平方キロ）。

この種の植民地化が、ヨーロッパの「文明」を「未開」の地域にひろめるという口実によって正当化されようとしたことは忘れてはならない事実だ。「近代化」＝「西欧化」という図式の普遍化が示すとおり、一九世紀ヨーロッパの指導者たちは非ヨーロッパ地域への進出つまり侵略を、近代文明を普遍化するための行動とみなしていたのである。

とはいえ、こうした状況をつうじて「未開」社会のさまざまな情報がヨーロッパにもたらされたことも事実だ。そのことが逆に「未開」社会への知的関心を呼び起こし、生物種としてのヒトを研究する自然（形態）人類学とは別に、文化人類学や民族学などの知の領域が新たな展開を見せるようになる。イギリス（スコットランド出身）のジェームズ・フレーザーの『金枝篇』（一八九〇年初版）やフランス（アルザス出身）のマルセル・モースの「呪術の一般理論の素描」（一九〇三年）などの労作が生まれるのもこの頃である。

この間の事情について、フランスのポール・トピナールは一八八五年に、「前世紀（一八世紀）末には、人類学は人類と人種の自然史をふくむにすぎなかった。今日、人類学には諸民族と諸社会の歴史が合流し、民族学と言語学も加わり、社会学も到着している」と書いている（『一般人類学原理』）。多様な差異の総合として出現した普遍的「人間」という近代の発想が育んだ諸科学が、今度は文化の多様性に新たな関心を抱きはじめるのである。もっとも、当時の研究はキリスト教の宣教師や植民者たちから送られた手紙や資料をもとにした文献学的なものに限られ、フィールド・ワークをつうじて多様な「人間」たちと直接ふれあう機会はすくなかった。それでも、非ヨーロッパ世界からもちこまれるさまざまな資料の量は飛躍的に増大し、フランスでは一八七〇年代の終わりにパリの旧トロカデロ宮殿に「世界最初の民族学博物館」（トピナールの言葉）が開設されている（その後シャイヨー宮の「人類学博物館」に移転、二一世紀初めに「ブランリー美術館」が新設された）。この場所には、あとで立ちもどることにしよう。

ヨーロッパ世界の拡張のもうひとつの側面は、植民地化をつうじたヨーロッパの内部から外部への動きとは逆に、ヨーロッパの外部から内部への動きによってあらわされる。この動きについては、カール・マルクスのつぎの言葉が印象的だ。

「ロンドンでいちばんにぎやかな通りには、さまざまな店がひしめきあっていて、その視線を失ったガラスの目〔ショーウインドウ〕の奥には世界中のあらゆる富が並んでいる。インドのショール、アメリカの拳銃、中国の陶器、パリのコルセット、ロシアの毛皮、熱帯地方の香料などだが、多くの国々をめぐってきたこれらの品々にはすべて白っぽい不吉な札が付けられ、ポンド、シリング、ペンスという簡潔な記号のついたアラビア数字が記入されている。これが流通過程に登場する商品の姿だ。」（『経済学批判』第二章第二節、一八五九年、フランス語版から訳出）

つまり、近代社会が発展すれば当然の帰結として世界市場が成立する。そこを舞台に、膨大な数の品々が世界のすみずみからゆたかなヨーロッパに流れこんできたのだ。ここでマルクスも言うように、それらの品物がみな普遍的価値の担い手である貨幣を媒介として交換される商品として立ちあらわれていることに注目しておこう。イギリスのポンドに代表されるヨーロッパの通貨は当時すでに地上のあらゆる商品との互換性を獲得していた。貨幣に表示される普遍性と商品が体現する差異との交換をつうじて、一九世紀後半のロンドンやパリには、それらの都市の住人たちがまだ誰も行ったことのない場所の品々が集中しはじめていたのだった。

†差異への関心と万国博覧会

こうした現象の頂点に位置する華麗な祝祭的空間が、一九世紀をつうじて各国（とくにイギリスとフランス）でくりかえし開催された万国博覧会である。

事実上、世界最初の万国博となったのは、一八五一年にロンドンで開かれた大ロンドン博覧会だった。五万四〇〇〇平方メートルの敷地に技師パクストンが設計したガラスと鉄の巨大な建築クリスタル・パレスは大評判となり、六〇〇〇万を越える観客が押しかけた。パリでは一八五五年を皮切りに、一一年おきに万国博が開かれ、一八八九年にはエッフェル塔、一九〇〇年には地下鉄がつくられたことはよく知られているとおりだ。一九〇〇年パリ万国博には四七〇〇万を越える人びとが押し寄せたと言われるが、一九七〇年の大阪万国博の入場者は六四二二万人、二〇一〇年の上海万博は七三〇八万人ほどだったから、当時としてはたいへんな数字である。

「全ヨーロッパは商品を見るために移動した」とフランスの哲学者ルナンが一八五五年パリ博を皮肉ったとおり、これらの博覧会の会場は世界中から集められた商品でうめつくされていた。一八六七年パリ博についても、ドイツの建築家ギーディオンが述べたように、万博会場の「宮殿を一周すれば文字どおり世界を一周することにな」ったのだったが、博覧会で見ることができたのはモノばかりではなかった。そこには「すべての民族がやって来て、敵同士も隣あわせで平和に過ごしてい」たのである（ギーディオンの言葉。なお以上の引用はヴァルター・ベンヤミンの『パサージュ論』による）。

この一八六七年のパリ万博に、日本ははじめて参加した。明治維新の前年だったために、徳川幕府と薩摩藩がともに日本の代表と主張し、結局双方が出展したことはよく知られているだろう。逆に言えば、このときフランス人あるいはヨーロッパ人の多くがはじめて実物の日本文化と生身の日本人に接したわけで、シャン・ド・マルスの会場には肉筆の浮世絵や刀剣や陶磁器から日本家屋までが展示され、万国博は人間と文化の差異と多様性をヨーロッパ世界が再発見する絶好の機会となったのだった。こうした出来事をきっかけとして、一九世紀末の西欧でジャポニスム（日本趣味）が流行し、マネからゴッホまで多くの画家たちの作品や、ガレやクリストフルなどの工芸品に大きな影響をあたえたことはあまりにも有名な事実だ。

もっとも、この段階での文化的差異への関心は、異文化への視線としてのエキゾティシズムのレヴェルにとどまっていた。だから、「蝶々夫人」や「お菊さん」のようにヨーロッパの「文明人」を楽しませることはあっても、みずからを中心に位置づける彼らの同心円的発想そのものをおびやかしたわけではなかった。西欧世界の自己中心的な文明観に深刻な衝撃をもたらしたのは、もっとむきだしの「未開」の侵入だったのである。

†「未開」の誘惑――ゴーギャンとタヒチ島

侵入の前兆はすでに一九世紀末にはじまっていた。一八九一年七月、ひとりの西欧人が南太平洋の島から、パリに残した彼の妻宛にこんな手紙を書いている。

「タヒチの夜の静けさは、この土地の他の何ものより異様だ。沈黙を乱す鳥の叫びひとつ聞こえないこうした静けさは、ここにしかないものだろうよ。あちこちで、乾いた大きな葉が落ちるけれど、音という感じはしない。魂がふれあうとでもいったような感じだ。〔…〕今晩はなんて美しい夜だろう。〔…〕ここの人たちは気楽に暮らし、子どもたちはひとりでに育っている。彼らはどこにでも出かけてゆき、他人の家で眠り、食事をし、礼ひとつ言いさえしない。おたがい同士おなじことをしあっているのだ。彼らを野蛮人と呼べるものだろうか?」

彼の名はポール・ゴーギャン(一八四八―一九〇三)、手紙は当時すでにフランスの支配下にあったタヒチ島からパリのデンマーク出身の妻メットに宛てたものだ(引用は『タヒチからの手紙』一九一八年、岡谷公二訳、による)。ゴーギャンが、一八八八年の冬にゴッホに剃刀で切りつけられ、その直後にゴッホが自分自身の左の耳たぶを切断する、あの「耳切り事件」に遭遇したことでも知られる後期印象主義の画家であることは言うまでもない。

パリで株式仲買商の店員をしていたゴーギャンは、三五歳のとき店を辞めて画家の仕事に専念した。その後カリブ海のマルチニック諸島に渡ったり、フランス北部ブルターニュ地方のポンタヴァンに移住したりするが、自作三〇点を売り払って資金をつくり最初のタヒチ行きを実現するのは、手紙にあるとおり一八九一年のことである。

一八九三年にひとたび帰国したゴーギャンは、九五年には再度タヒチにむかい、一九〇三年にマルキーズ諸島のヒヴァ＝オア島で波瀾に満ちた生涯を終えた。その生き方には、「彼らを野蛮人と呼べるものだろうか？」という問いかけが示すように、甘美なエキゾティシズムを越えてヨーロッパ文明の価値観そのものに鋭い懐疑を突きつける態度が表現されている。「タヒチの夜の静けさ」は、あのリルケが描いた二〇世紀初頭のパリの夜のヒステリックな喧騒（第1章冒頭）とは、あまりにもきわだった対比を見せているのだから。

とはいえ、ゴーギャンはタヒチに地上の楽園を見出したわけではなかった。二度目のタヒチ滞在のさいに友人に送った手紙（一八九五年、引用は同上から）で、「この楽園の首都パペーテには、いまや電灯がつき、元の王家の庭園の前の広い芝生は、一まわり二五サンチームの回転木馬で台なしにされ、それに蓄音機も備えつけられているのです」と嘆き、「耳ががんがんするほど、政治のごたごたの話が聞こえてきます。〔…〕いずれは軍隊や鉄砲を必要とするようになるか、さもなければ、イギリス人に後押しされている現地人たちに屈伏するか、どちらかになるでしょう」と憂えている。南洋の島はヨーロッパ商人の投資という資本主義の波に洗われ、イギリスとフランスの利権争いという帝国主義のこぜりあいの舞台となって、あの静かすぎる夜の闇は早くも失われようとしていた。

一八九七年、四九歳の年に、娘の死の知らせを受け取って絶望感に襲われたゴーギャンは自殺を決意し(翌年未遂事件を起こす)、一四一×三八九cmの大作『われらはどこから来たのか、われらは何者か、われらはどこへ行くのか』を一カ月で描きあげてしまう。大作のタイトルが示すとおり、一九世紀末前後には近代「文明」の進歩はその最初の限界にたどりついていた。そんな時代に、脇目もふらずにひたすら前方へ進みつづけることの危うさを、人びとはみなひそかに感じとっていたのではなかっただろうか。そうした不安から生じた「われらはどこから来たのか…」という問いかけへの答えが、ゴーギャンのような突出した感性の場合には「未開」を生きる人びとへの共感として立ちあらわれたのだった。

†「未開」の衝撃——ピカソ『アヴィニョンの娘たち』

したがって、皮肉なことにゴーギャンが孤独な死を迎えた頃から、西欧社会では、人びとの想像力は前方の未来をせわしげに見透かすだけでなく、はるか後方の過去である人類そのものの起源を想起する方向へとむけられてゆく。単系的な発展史観にもとづいてはいたが、起源の記憶を現在形で生きる「未開」社会への関心が知の新たな領域を開くことは先にふれたとおりだ。

たとえば、一九〇六年にはウィーンで文化人類学研究の国際誌『アントロポス』が創刊されているし（ダダのツァラはこの雑誌中の資料を自分の詩に無断引用している）、同じ頃パリではマルセル・モースがメラネシアやアフリカの民族学的資料を調べて「呪術の一般理論の素描」を発表し、人間精神が今なお魔術的な心性に惹かれていることを指摘している。さらに、一九一〇年にはフランスの社会学者リュシアン・レヴィ＝ブリュルが、南米先住民の研究から『未開社会の思惟』を著し、集団全体が理性や倫理の支配から離脱して神秘的な一体感につつまれるという「融即の法則」の存在を主張することになる。

こうして、これまであえて「未開」と呼んできたプリミティヴな社会、つまり原始的な起源の社会への知的関心は確実に高まっていく。そして、この傾向に対応するかのように、文化と芸術のさまざまな場面でも「プリミティヴィズム」という用語が新たな語意を担いはじめる。この語を「原始的な人びと（プリミティフ）の模倣」として最初に定義したのは、一九世紀末フランスの『新ラルース絵入り事典』だった。しかし、一九八八年にニューヨーク近代美術館で大規模なプリミティヴィズム展を企画・実現したウィリアム・ルビンも言うように、この定義は「極端すぎて、狭すぎる」ものだった。

ところが、その後二〇世紀の最初の一〇年ほどの間に、アーティストたちが「アフリカやオセアニアの仮面や彫刻を発見したことで、この語の厳密に現代的な解釈がはじまることになった」（ルビン）。そして、美術用語としての「プリミティヴィズム」が一九三四年のウェブスター辞典にはじめて現れたとき、それは「自然への回帰」としての「原始的（プリミティヴ）な生活の優位性への信念（ビリーフ）」を意味していたのである。というわけで、二〇世紀文化の進展は、「未開」の「文明」への侵入が人びとの価値観に変更をせまる動きと重なっていることが理解される。この動きの先駆者がゴーギャンだったとすれば、「原始生活の優位性」を「文明」社会に認識させるきっかけとなる強烈なインパクトをあたえたのは、パブロ・ピカソ（一八八一―一九七三）だった。

一八九五年、ゴーギャンが再度タヒチ島に上陸した年にバルセロナの美術学校を卒業し、一九〇〇年にカタルーニャの首都の画廊「四匹の猫」で最初の個展を開いたピカソは、ここの年の暮れにはじめてパリを訪れる。まだ一九歳だった。その後、毎年のようにパリにやって来たとはいえ、スペイン人の若者の作風は、新世紀を迎えたヨーロッパの首都のにぎわいとは無縁な貧しい人びとを青色に描く「青の時代」に入る。

そして、一九〇四年、四度目の滞在のときからモンマルトルのアトリエ兼アパート「洗濯船」に住みついて詩人のギヨーム・アポリネール、マックス・ジャコブ、画家のアンドレ・ドランたちとつきあいはじめたピカソは、青からばら色へと基調を変えて、サーカスの旅芸人たちを題材にした「ばら色の時代」の作品群を発表するようになることは、よく知られているだろう。

ここまでの展開、つまりバルセロナからパリにやって来た才能ゆたかな青年画家の歩みには、「未開」への共感を予測させる要素はほとんど見られない。むしろ、スペインという「差異」と「周縁」からパリという「普遍」と「中心」にむかう求心的な動きがあるばかりだ。そのピカソの作品世界を一変させたのが、あのトロカデロの人類学博物館だったのである。

一九〇六年の夏の終わりのある日、スペインからパリに戻った、当時二五、六歳の天才画家はひとりで人類学博物館の薄暗い陳列室に入ったという。そこでピカソをとりかこんだのは、アフリカやオセアニアの不可思議な彫刻や奇怪な仮面たちだった。おそらくこのとき、彼はまったく新しい造形美と出会ったのである。人間の口が長方形で、目が円筒、鼻が横向きの三角形だってかまいはしない。プリミティヴな芸術との突然の出会いは、ルネッサンスから印象派にいたるヨーロッパ中心の美意識を圧倒して、人類の幼年期の恐るべき驚異を画家に体験させたのだった。のちにアンドレ・マルローとの対談で、ピカソはこう語っている。

「仮面や人形に囲まれたあの恐ろしい博物館に、たったひとりだけですよ。『アヴィニヨンの娘たち』を、私はまさにあの日に着想したにちがいない。〔…〕昔のトロカデロときたら胸が悪くなりそうなところでした。まるで蚤の市で、ひどい臭いがした。逃げだしたかったが、私はその場を離れなかった。私はとどまった。それがとても重要なことだとわかったからです。そのとき、私に何かが起こったのでした。」(アリアナ・スタシノプーロス・ハッフィントン『ピカソ、創造者と破壊者』一九八九年、から引用)

このときの体験から生まれたと本人も回想している『アヴィニョンの娘たち』(一九〇七年)が、キュビスムの出発を告げる記念碑的作品であることは言うまでもないだろう。もちろん、当時すでに「黒人芸術(アール・ネーグル)」はマティスやドランらパリのアーティストたちに注目されていたが、ジョルジュ・ブラックが「ガソリンを一リットルも飲んで描いた絵」と酷評したというピカソのこの作品ほど、「西欧的な美学を破壊する、革命的な爆薬」(岡本太郎の言葉)の役割を果たした絵画は見あたらない。アポリネールはピカソを「新しい人間(ヌーヴェロム)」と呼んでこう記したほどだった。

「ピカソ、彼こそは〔人類〕最初の芸術家たちのような芸術家だ。世界は彼自身の新たな表象となる。彼は世界の諸要素と細部を乱暴に列挙するが、彼の乱暴さは優雅さともなり得るものだ。彼こそは、自分の個人的使用のために宇宙に秩序をもちこむ新生児なのだ。」(『キュビスムの画家たち――美的省察』、前出)

ピカソという新生児をつうじて、「未開」は「文明」への公然たる侵入を開始した。そして、この侵入は思いがけない道程をたどって一九三〇年代パリから七〇年代の日本へとたどりつき、ひそかな挑戦をなし遂げることになる。挑戦者の名は、もうあきらかだろう。そう、OKAMOTO　TARO（一九一一―九六）である。

†「未開」の挑戦――岡本太郎「太陽の塔」の謎を解く

ピカソが『アヴィニョンの娘たち』をつうじて、近代文明への「未開」の公然たる侵入を開始したとすれば、それから六〇年ほどのちに、二度の大戦争とアウシュヴィッツと広島・長崎の惨劇を経験しながら、そんなことはすっかり忘れたかのように、見かけ上はかつてないほどゆたかな消費社会の迷路に入りこんだ現代文明にたいして、再度「未開」によるラディカルな挑戦を試みたのが、岡本太郎だったのではないだろうか。

そんなことを思いつかせたのは、一九七〇年大阪万国博に出現し、今も千里の丘にひとり立ちつくす、巨大な構築物のせいだ。もちろん、「太陽の塔」のことである。あの塔を築くことで、岡本太郎はいったい何を表現したかったのだろうか。

とりわけ、「塔」の三つの太陽がそれぞれ「塔」とどんな関係にあるのか、なぜ胴体が白く塗られ、ボーリングのピンかビール壜のようなかたちをしているのか、なぜ上端が青く塗られ、切りとられたように平たくなっているのか、なぜ白い地肌に赤いジグザグの模様が描かれているのか、両脇の腕状の二本の突起物は何なのか、なぜ塔の内壁が赤く塗られているのか、といった具体的で素朴な疑問については、制作者自身も明確には述べていないこともあり、今なお納得できる解答は提出されていないと言ってよい。

岡本太郎が自作について残した言葉のうちで、いちばんよく知られているのは、一九七一年の『日本万国博 建築・造形』（恒文社）中のものだろう。そこで、万国博の建築部門から「構想がまとまり、模型が出来たという連絡」を受けて「すぐ見に行った」ときのことを回想して、こう書いている。

「アッと思った。メイン・ゲートの正面に〔…〕巨大な屋根がかけられている（丹下健三設計による「大屋根」）。〔…〕よし、この世界一の大屋根を生かしてやろう。〔…〕優雅におさまっている大屋根の平面に、ベラボーなものを対決させる。屋根が三〇mなら、それをつき破ってのびる――七〇mの塔のイメージが、瞬間に心にひらめいた。頂上に目をむいた顔を輝かせ、会場全体をへいげいし、まっすぐに南端の高台に立つランド・マークをにらんでいる。こういう対決の姿勢によって、雑然とした会場の、おもちゃ箱をひっくりかえしたような雰囲気に、強烈な筋を通し、緊張感を与えるのだ。私は実現を決意した。」

こうして、さっそく「塔」のプランニングを制作した太郎は、自分のアイディアについて、つぎのように説明する。

「私の作ったものは、およそモダニズムとは違う。気どった西欧的なかっこよさや、その逆の効果をねらった日本調の気分、ともども蹴とばして、ぽーんと、原始と現代を直結させたような、ベラボーな神像をぶっ立てた。」

しかし、七一年の文章では、「塔」自体の構想については「人間の尊厳と、のびゆく生命力、エネルギーを象徴する「太陽の塔」」、「「太陽の塔」は根源から噴きあげて未来に向かう生命力の象徴である」などと、「人類の進歩と調和」という七〇年万博のメイン・テーマに寄りそうかのように、ごく一般的なことを述べているだけで、なぜ「塔」が「ベラボーなもの」なのかについては多くを語ってはいない。けれども、太郎の後半生をもっとも身近に知っていた岡本敏子氏の回想によれば、当時絶頂期にあった学生運動を背景に盛り上がった「反万博」の動き（「反博」派）からの批判にたいして、太郎は「「進歩と調和」には反対だ」ともらし、「いちばんの反博は「太陽の塔だよ」」と笑ったということだ。

それでは、「太陽の塔」にこめられた「いちばんの反博」としての「ベラボー」なメッセージとは、いったい何だったのだろうか？

†「太陽の塔」——切断された首

最初に、私の解釈を言ってしまおう。

「太陽の塔」は、首を切断された太陽の像である。この太陽は女性＝母であり、死を迎えた瞬間に、もうひとつの新しい太陽＝新生児を産み落とそうとしているのだ。

ここで、塔の写真を見てみよう（写真①）。

上部がつぼまった円筒形の塔の正面には、二つの太陽が表象されている。ちょっと見ると、立地面から全長の三分の一ほどの位置にある巨大な円形のそれが塔の「顔」であるように感じられるし、これまでほとんどの人はそう信じてきたことだろう。けれども、塔全体をひとつの身体とみなすなら、塔の顔は最上部の黄金の仮面を思わせる円盤状の「太陽」でなければならない。

ところが、塔の先の細い円筒の先端部は、まるで鋭利な刃物で切断されたようにすっぱりと切りとられていて、切断面から飛び出したばかりのように金属製の太陽が宙に浮いている（実際には鉄骨と鉄線で固定されている。写真②）。胴体とこの円盤が切り離されているという事実は、こちらの太陽が塔という身体の本来の顔であって、その顔を載せていた首が一瞬前に切断されたばかりだという状況を反映している。そして、切り口からほとばしる血は、塔の両脇の赤いジグザグによってあらわされ、切り口自体はすでに失血して青ざめているのである。その生命を終えた太陽はもはやみずから輝くことなく、現実世界の日差しを反射するほかはないのだ。

上部の円盤が塔の顔だとしても、なぜ塔が女性なのだろうか。それはもちろん、彼女が胎内に身ごもった新しい生命であるもうひとつの太陽を生み出そうとしているからだ。この太陽は、彼女の下腹部の膣口を押し開いて、すでに幼い顔をのぞかせている。産道を通過してきたせいか、その柔らかい頭蓋は両側から押されて中央部でややずれを見せ、母の陰部の上下にはかすかな長い裂け目さえできそうな気配だ。新しい太陽が新生児であることは、彼の両眼がまだ瞳を見開いていないことからも実感される。こちらの顔の素材が、白く塗られた胴体部分とはあきらかに異質であるのも、塔が二つの生命（終わったばかりの生命と始まったばかりの生命）の複合体であることから、容易に理解される。

写真①：「太陽の塔」正面全景
（99年秋、①②③とも筆者撮影）

こう考えると、ふつうは下部の大

写真②：「太陽の塔」左側面部分

写真③：「太陽の塔」背面ほぼ全景

きな顔に付随する腕と見なされている（太郎自身もそう言っていた）両側の突起も、母なる太陽が出産のために左右に広げた両脚だと言えないこともない。その場合、背面の黒い太陽はちょうど塔の身体の肛門に位置しているのである（写真③）。さらに、現在は撤去されているが、七〇年万国博当時「太陽の塔」の左側に「母の塔」があったという事実は、逆に私たちの塔のほうが母体の像であることを裏づけるものだ。というのも、この「母の像」は、じつは「母」の身体を形象するどころか、まるで胎盤を受ける容器にしか見えない、お盆のようなフォルムをしていたのだ（右側にあった「青春の像」は、「太陽の塔」から生まれた新生児の成長段階をあらわすとも考えられる）。

また、現在は入場できないが、塔の内部には「生命の樹」と呼ばれる展示があり、「初源のむかしから、はてしらぬ未来まで」「生長し、変貌し、うねり、ふくらむ、生命の力強さ、その歴史」を「凝集」したものだったが（大阪万博当時の「テーマ館ガイド」による）、その内壁は身体の内側か胎内を思わせる赤い血の色に塗られ、血管や臓器のような形象にみちあふれていたことも、つけ加えておこう。

というわけで、もう一度、私の解釈を要約すれば、「太陽の塔」は万国博に「押し寄せ、集う大群衆〔…〕に捧げる祭りのシンボル」（岡本太郎の言葉）として、供犠に付されるために白く塗られた母なる太陽の身体なのである。すでに懐胎しているこの母は、いけにえとして首を切断される瞬間に、みずからの死とひきかえに新しい生命である太陽を産みだそうとしている。それが全世界の祝祭にふさわしい、荘厳で壮大な死と再生のドラマであることに疑いようはない。だが、これほど「ベラボーなもの」を国家予算を浪費して作りだすこと以上に「反博」的な行為が、はたしてあり得ただろうか。

そのうえ、岡本太郎自身がパリで過ごした時代の知的体験を塔のイメージに重ねあわせるなら、「太陽＝切られた首」説は意外なほど真実味を帯びてくるのである。

†一九三〇年代パリと岡本太郎

岡本太郎が、風刺漫画家の父一平、小説家の母かの子とともにはじめてパリに到着したのは、一九三〇年一月一三日、一九歳の年だった。その後しばらくは、パリ郊外のリセの寄宿生となってフランス語を学んだり、ソルボンヌ大学哲学科の聴講生になったりしていたようだが、パリの知的世界との交流がはじまるのは、一九三二年一月に両親が帰国した後のことだ。この年の一〇月に、サロン・デ・シュルアンデパンダン展に出品した作品が、批評家に賞賛されるのである。

そして、一九三三年には、「アプストラクシオン・クレアシオン」グループに最年少の二二歳で参加する頃から、太郎はセリグマン、ドローネー、アルプらと親交を結ぶようになる。この時期のことを、フランス語でおそらく最初で最大の岡本太郎論を書いた彼の旧友パトリック・ヴァルドベルクは、こう回想している。

「一九三三年秋の、ある夜、雨がモンパルナス大通りの最後の通行人を追い散らした時刻に〔…〕、私ははじめてタロー・オカモトと出会った。ブリアンを知っていたので、われわれ〔画家のアトランを中心として、カフェ・ドームに集まっていたグループ〕に加わったのだ。この愛想がよくて礼儀正しい日本人のことを、私はまるで昨日のように思い出す。彼はすっかりめかしこんで、完璧なほど容易にフランス語で自己表現ができた。〔…〕タローはその頃二二歳、私は二〇歳だった。二人とも、驚きに満ちた目で世界を見つめていた。」（『対極の軽業師』一九七六年）

一九三三年といえば、ドイツでは一月末にヒトラーが権力の座に着き、ナチスの第三帝国がすでに不気味な歩みを開始していた。三月には、ヴァルター・ベンヤミンがベルリンからパリに亡命する。翌一九三四年二月六日には、パリのコンコルド広場で極右派の大デモが暴動に発展し二〇名の死者を出す事件が起こり、その六日後には、今度は左派がCGT（労働総同盟）の呼びかけで反ファシズムをスローガンに大規模なゼネストを決行する。時代は再び混乱と紛争への傾斜を転がりはじめていた。そんな状況下で、太郎は一九三六年にひとりの思想家と出会い、決定的な影響を受ける。ジョルジュ・バタイユだ。

バタイユ体験について、岡本太郎はいくつかの文章を残している。代表的なものを年代順に挙げると、一九七〇年の「反ヨーロッパ宣言」（『日本列島文化論』）、七三年の「わが友、ジョルジュ・バタイユ」（『私の芸術法』）、七七年の「バタイユとの出会い」（『画文集・挑む』）、八〇年の『ピカソ』（宗左近との対談）などだ。それらの記述によれば「一九三六年（七三年の記述では三五年）の冬」、ドイツ出身のシュルレアリスムの画家マックス・エルンストに誘われて、「反撃（コントル＝アタック）」の集会に参加したことが、二人の出会いの最初の場面となったという。七七年のテクストから引用しよう。

「案内状には豚の頭をチョン切って皿の上に乗せた不気味な絵が印刷されてあった。ぜひ参加したいと思った。エルンストと私、それにパトリック〔・ヴァルトベルク〕と三人づれで、当日、指定の場所に出かけた。〔…〕三、四十人ぐらい集まった。〔…〕きわめて先鋭的な分子の集まりだった。」(傍点と〔 〕内は筆者の補足)

集会では、シュルレアリスムの指導者アンドレ・ブルトン、サドの研究家モーリス・エーヌらが「人間性を圧殺する全体主義」を非難する「熱烈なスピーチ」(太郎の言葉、以下同じ)をしたあとで、最後にバタイユが姿をあらわす。

「きつい表情だったが、そこに何か人間的なやわらかさが感じられた。前方をキッとにらみつけながら、畳みかけるように激しく語りだした。決してなめらかではない。〔…〕つかえつかえ、情熱が堰にぶつかりながらあふれ出してくる。〔…〕ひどく純粋で、徹底的だ。筋といい、人間的雰囲気といい私にはぴたっときた。全身がひきつけられる思いがした。」

この集会のすこし後に、日本の若者が自分の思想に共感していることを伝え聞いたバタイユは、岡本太郎を「コメディ・フランセーズの前のカフェ・リュック」に呼びだし、「一人の協力者を得たと目を輝かせた」という。そして、若者は、バタイユがロジェ・カイヨワ、ミッシェル・レリス、ピエール・クロソウスキーらの友人たちと準備していた「聖社会学研究会（コレージュ・ド・ソシオロジー・サクレ）」に参加することになる。表向きは「サン・ミッシェル大通りの大きな本屋の奥まった部屋」で月二回会合をもつ研究会だったが、裏では「隠れた組織」がつくられて、深夜パリ西郊サンジェルマン・アン・レーの森に集まり「誓いの秘儀」をとりおこなったと、岡本太郎は回想している。

この「隠れた組織」とは、バタイユとクロソウスキーが中心となって一九三六年六月から三九年六月まで刊行された雑誌『アセファル』につながるグループのことだ。雑誌のタイトルは「無頭人」の意味である。表紙に頭部を切断され、局部がどくろで隠された裸形の巨人が描かれていたことは、すでに「太陽＝切断された首」を暗示していた。

当時まだ二〇代半ばだった太郎は表裏「両面の運動の中に心身を投げこんで行った」が、やがて「何ともいえぬ矛盾を感じ」はじめる。「ひたすら権力意志をつらぬこうとする彼らの運動のあり方に、私はどうしても調整できないズレを感じるのだ。もっと人間的な存在のスジがあるのではないか」と、彼は一九七七年の文章で、当時バタイユたちの運動にたいして抱いた疑問を打ち明けている。本人の言葉によれば「私はその疑問を手紙に書いて、バタイユにぶつけ、運動への訣別を告げたのだ。この手紙はバタイユを逆に感動させ、その後も互いの友情はつづいた」という。

そして、一九七三年のテクストによれば「ドイツ軍がパリに殺到する数日前」とあるから、一九四〇年六月一四日のパリ陥落直前と思われるが、岡本太郎はパリ国立図書館の司書だったバタイユを勤務先に訪ねて、日本へ帰国することを告げる。すると、バタイユは「グッと両手を握りしめて、前につきだし」て、「こんなことで、決して挫折させられはしない。いまに見給え。再びわれわれの意思は結集され、熱情のボイラーは爆発するだろう！」と語ったということだ。

以上が、岡本太郎が一九三〇年代パリで経験したジョルジュ・バタイユとその周囲のグループとの交流のあらましである（その後、一九五三年に二人はパリで再会することになる）。もちろん、この間に太郎は滞欧中の作家横光利一をともなってダダイスト、ツァラの自宅を訪れ（一九三六年）、国際シュルレアリスム展覧会に「傷ましき腕」を出品してアンドレ・ブルトンに賞賛され（一九三八年）、あるいはソルボンヌや人類学博物館でマルセル・モース教授の講義に出席して文化人類学の試験に合格したり（一九三九年）といった、さまざまな出来事を通過している。こうした体験中に、先ほどの「太陽の塔」解釈の根拠を求めることができるというのが、私の考えだ。なぜだろうか。

この問題に立ち入る前に、岡本太郎の証言そのものの事実確認が必要になる。というのも、じつは本人の記述には微妙な記憶ちがいが見られるのである。まず、バタイユの講演を聴いた最初の集会のことだ。日時が一九三五年ではなくて「一九三六年一月二一日（火曜日）二一時」から開催された「反撃」派の集会であることは、太郎が手にした「案内状」によって確認される（本章扉写真参照）。

問題は「豚の頭」だ。案内ビラの挿絵（本章扉参照）を見ればあきらかだが、それは切断された「牛の頭」でなければならなかったのである。なぜなら、ビラに明記されているとおり、革命派にとって、この日は一七九三年一月二一日にルイ一六世がギロチンによって頭部を切断された事件の記念日であり、挿絵はルイ一六世の切断された首を「牛」のそれに重ねあわせたものだったからだ。集会のテーマは「人民の正義に従属する二百家族」だった。「二百家族」とは、当時のフランスで特権的地位と利権をほしいままにしていた上流階級のことだから、彼らが「人民の正義に従属する」とは、かつてのルイ一六世のようにギロチンにかけられるべきであることを暗示していた。

したがって、このときのバタイユとのはじめての出会いがすでに、切断された首のイメージをともなっていたことはたしかだ。もっとも、牛と豚の錯誤を「記憶ちがい」とまで言うのは、本人には酷なことだろう。なぜなら、一九八〇年の対談ではちゃんと「牛の首」になっていて、例の案内ビラの図版も添えられているのである。とはいえ、岡本太郎とバタイユを論じた最近の文章でも、まだ「牛」が「豚」になったままのものが見あたるので、あえて指摘しておく。

†アポリネールと「太陽　切られた首」

それでは、いよいよ謎解きに入ろう。キーパーソンはすでに登場ずみだ。アポリネール、バタイユそしてモースである。

太陽を切断された首として描いた、二〇世紀最初の詩人はおそらくギヨーム・アポリネールだった。場所は、序章でふれた『キュビスムの画家たち――美的省察』とおなじ一九一三年に刊行された彼の詩集『アルコール』の巻頭詩篇「ゾーン」の最終行である。その直前から引用しておく。

おまえはオートゥイユのほうに歩く　歩いて家に帰りたいのだ
オセアニアやギニアの物神たちのあいだで眠るために〔…〕
　さらば　さらば
太陽　切られた首

詩篇全体やこの箇所の文学研究的な解釈については、当面の課題ではないのでさし控えるとしても、読者に強烈な衝撃をあたえる最終行が、初出である一九一二年一二月の『ソワレ・ド・パリ』誌では「昇る朝日　切りとられた首」となっていたことは、この一行の意味を明確にしてくれる。この太陽は仕事を終えて夜の闇に沈もうとする夕日ではなくて、新しい一日の開始を誇らしげに告げるはずの朝日であり、それが鋭利な刃物で切断された首として表象されているのだ。

そして、太陽からふりそそぐ朝のさわやかな日差しが、じつは切り口から噴出する血潮となって、不吉な呪いのようにパリの街中にまき散らされることが暗示されている。そのうえ、作者自身である「おまえ」がセーヌ河を越えてむかおうとしているパリ西郊（オートゥイユ）の家で、詩人を待ち受けているのは「未開」の不気味な神々たちの像なのである。

ここで、「太陽＝切断された首」が「未開」の彫像と結びついていることは、重要な意味をもつ。この詩篇の冒頭に「ついにおまえはこの古い世界にあきあきした」とあったことを想起しよう。二〇世紀初頭のモダン都市パリの新奇な風景をすでに「あきあきした」と断言したアポリネールにとって、真に新しい感性の源泉は「未開」の物神たちにほかならず、「太陽」という進歩と繁栄の象徴の斬首こそが、モダンをプリミティヴに変換させる死と再生の壮大な仕かけとしてイメージされているのである。

こうして、「太陽の塔」のアイディアはアポリネールの詩篇と驚くほど重なっているが、岡本太郎の著述をたどっても、この詩人は画家ロベール・ドローネーとの関連でかすかにふれられている程度で（「パリの仲間たち」、一九五九年、など）、彼が『アルコール』から何ごとかを学んだ形跡は見あたらない。アポリネールの「太陽 切られた首」の影は、むしろバタイユのテクスト中に探し出すことができる。バタイユ自身も、一九三〇年代に執筆されたと思われる論考「松果体の眼」（公表は死後の一九六七年）第三草稿冒頭に、詩人の名を挙げてこの一行を引用していた。

†バタイユと太陽肛門

この特異な思想家については、これまで紹介ぬきでその名を挙げてきたが、一九七〇年に『バタイユ全集』の刊行が開始されたとき、ミシェル・フーコーが「ジョルジュ・バタイユは彼の世紀でもっとも重要な作家のひとりであり、〔…〕われわれは自分たちの時代の大きな部分をバタイユに負っている」と書いたことを、ひとまず思い出しておこう。一八九七年に生まれ一九六二年に死んだバタイユが、一九二八年の処女作『眼球譚』や三三年の論文「濫費の概念」から、四〇年代の小説『マダム・エドワルダ』や論文「内的体験」を経て、五〇年代の『エロティシズム』や『呪われた部分』等の著作へといたるその仕事の展開をつうじて、現代思想の根源的な諸問題にラディカルな接近を試みたという事実がひろく知られるようになったのは、彼の死後数年が過ぎてからだったのである。

バタイユが太陽と斬首を結びつけた最初の文章のひとつは、一九三〇年に発表された

「低い唯物論とグノーシス派」（『ドキュマン』誌、第一号）である。そこで、彼は「ロバの頭をつけた神を崇拝することは、今日でもきわめて重要な価値をもち得るし、太陽の無頭人（アセファル）的な人格化として、ロバの頭を切断することは、唯物論のもっとも激烈な表現のひとつとなり得るように、私には思える」と書いていた。

こうした発想がもっと明確なかたちをとるのは、おなじ年の「腐った太陽」（『ドキュマン』誌、第三号）である。ピカソを論じたはずのこの短い文章で、バタイユは画家とその作品にはほとんど言及せずに、ひたすら太陽について論じている。まぶしくて直視できない、南中した太陽は「完璧に美しい」「もっとも高揚した概念」だ。ところが、あえてそれを直視しようとする者にとって、真昼の太陽は「恐ろしいほど醜い」ものとなると彼は断定して、古代ローマの秘儀宗教ミトラ教の、牡牛の首を切って太陽神ミトラに捧げる儀式を紹介する。

この儀式では、参加者たちは「木の柵で覆った溝のような場所で裸になり、柵の上で司祭が牡牛の首を切り裂く。こうして、彼らは熱い血のシャワーをたっぷりと浴びる」ことになる。それは「精神的には、目をくらませる太陽の恩恵を受けとる行為だが、牡牛自体が太陽の〔…〕首を切られたイメージでもあるのだ」と、バタイユは書いてから、さらにつづけて、「太陽が、神話では、首を切り裂く男によって、すなわち頭部を失った人間によって表現されてきたことをつけ加えておこう」と述べるのである。

なぜこの文章がピカソ論なのかと言えば、それはバタイユが「太陽を直視する者」の系列に画家を位置づけているからだ。太陽を見つめることから生じる「諸形態の解体」は「ピカソの絵画においてしか実感できない」と、彼は結んでいる。

太陽と身体切断の結びつきにふれたバタイユのテクストには、他にやはり一九三〇年のヴァン・ゴッホ論（『ドキュマン』誌、第八号）があるが、そこまで入りこむ余裕がないので、「太陽の塔」解釈にかかわる彼の文章をもうひとつだけ挙げておこう。一九二九年に執筆され、三一年に刊行された『太陽肛門』である。

「世界は純粋にパロディ的だ、つまり、ひとが目にするどんなものでも、じつは別のもののパロディなのである」という謎めいた一文ではじまる、このわずか数ページのテクストで、バタイユは宇宙空間中の惑星の運動から潮の満ち引きにいたる自然の運動を、性行為中の肉体の動きになぞらえる。彼にとって、潮の満ち引きは「有機的（オルガニック）な生のいちばん単純なイメージ」であり、「地球と月の単調（ユニフォルム）な性交である海の運動から、地球と太陽の多形的（ポリモルフ）な性交が生じる」ことになる。

したがって、「太陽肛門（アヌス・ソレール）」とは、太陽が地球の自転運動によってその影に隠される夜の、ひそやかな交接の場面である。「太陽はもっぱら夜を愛し、地球のほうへそのきらめく暴力と、いまわしい男根をむける。〔…〕太陽の環（アノー・ソレール）は一八歳の肉体の汚れのない肛門であり、肛門は夜であるにもかかわらず、それに較べられるほどまぶしいものは、太陽をのぞいてはありえない」(傍点は原著者)と、バタイユは書いて作品を終わらせている。

こうした文章に共通しているのは、無限のエネルギーの源泉である(すくなくとも当時はそう思われていた)太陽を、生産と保存の系列ではなくて濫費と消尽の系列に位置づけるバタイユの立場だ。この発想は、彼の一九三三年の重要な論文「濫費の概念」で理論的に表現されるだろう。そこで、人間の活動は生産と保存を目的とする「有用性の原則」にしたがう活動と、「決闘、戦争、儀式、見世物、豪華なモニュメントの建造、〔…〕倒錯的性行為」などの非生産的活動に区別されていた。バタイユは後者の諸形態を「濫費(デパンス)」と呼び、合理的限界を越える無条件のデパンスへと人間たちを向かわせる「喪失(ペルト)の原則」の存在を強調したのだった。

ここまで来れば、首を切断された太陽を巨大なモニュメントとして制作して後世に残すという「ベラボーな」行為が、アポリネール＝バタイユ的発想にきわめて接近していることが実感されるだろう。それでは、なぜ太陽は首を切られる必要があったのか。

†モースと犠牲獣

答えは、おそらくマルセル・モースの仕事が提供してくれる。岡本太郎が一九三八―三九年に人類学博物館(ピカソが訪れたトロカデロから一九三七年にシャイヨー宮に移転)でおこなわれたモース教授の講義に出席し、修了試験にもみごと合格したことはすでに見たとおりだ。この時期に近いモースの論文といえば、一九二三—二四年に発表された「贈与論」が当然思い浮かぶ。北米インディアンの儀礼化された富の破壊であるポトラッチの分析で知られる、モースの代表作だが、「太陽の塔」との関連で気になるのはむしろ、彼が二七歳の年（一八九九年）にアンリ・ユベールと共同で『社会学年報』に発表した「供犠論」のほうである。

「供犠の本質と機能に関する試論」と題されたこの論文で、供犠は「犠牲の聖化をつうじて、それ〔供犠〕を実行する道徳的人格あるいはこの人格が関心を抱くある種の対象の状態を変容させる、宗教的行為である」と定義される。そのうえで、さまざまな文化圏で実践されてきたいけにえの儀礼が検討されるが、私たちの解釈とのかかわりでとりわけ注意を惹くのは、多くの場合、犠牲となる動物に装飾がほどこされること、犠牲獣が首を切断されることを、モースたちがすでに指摘していたという事実だ。

「ある国々では、犠牲獣は装飾や彩色をほどこされたり、ローマでは犠牲獣が白く塗られた牛であったように、白塗りにされたりした。こうした装飾は犠牲獣に宗教的性格をあたえていた。時には、着せられる衣装によって犠牲獣が祭式を支配する神に接近することもあった。」（「供犠の本質と機能に関する試論」第二章）

「もっとも一般的な場合、犠牲獣は襟首か首を切りとられた。〔…〕たいていは、死がすみやかに訪れることが望まれた。犠牲獣の地上の生活から神的生活への移行が急がれたからである。」（同上）

つまり、「太陽の塔」が、「世界のあらゆる地域から人びとが集まる」「世界の祭り」（万博『テーマ館ガイド』中の岡本太郎の言葉）にふさわしい豪華ないけにえとして供犠に捧げられるためには、その胴体を白く塗られ、首を切りとられて、鮮血を噴出させなければならなかったのである。

これ以上テクストに深入りすることは避けるとしても、岡本太郎が一九七〇年の「太陽の塔」の発想に、彼の青春そのものだった三〇年代パリの知的体験を反映させたことは誰にも否定できないだろう。そうだとすれば、アポリネール、バタイユ、モースの系譜から浮かびあがる《太陽、切られた首＝白く塗られたいけにえと血の供犠》というメッセージを「塔」に読みとることは、それほど無理な連想ではない。

では、太郎自身の言説中に、この解釈につながる要素がはたして見つかるだろうか。

†血と太陽

まず、岡本太郎自身のこんな詩をお目にかけよう。一九五九年に発行された『黒い太陽』の冒頭の一節だ。

陽光によって　人間は生をうけたに違いない
最初の女性は太陽によって懐胎した
太陽こそだから
女性にとっては輝かしい男性であり
逆に　男性にとっては母胎なのである

これはもう、「太陽の塔」のイメージそのものではないかと思えてしまう。この詩のすぐ後で、太郎は「だから太陽は人間文化のはじめから人格だったのだ」と言い、さらに「私は幻想的に太陽を神話化する」と述べて、「分析され、散文化され、われわれの根源的な生命のよろこびと断ち切られて、無感動になってしまった太陽を、再び全人間的に、芸術的に生きかえらせようとする欲求」を強調している。そして、こうした「無感動な」太陽である「黒い太陽に、矢を放とう」と、主張するのだ。

太陽＝母胎という発想は私の解釈と重なるものだが、ここで太陽は供犠の対象というよりは、むしろそれ自体が蘇りの主体としてとらえられている。生命を産みだしてきた太陽に、新たな生命力をもたらすために「矢を放つ」のだから、死と再生のサイクルを作動させようというわけだ。この種の感受性が、一〇年ほどのちに「塔」の母と胎児の太陽像にむすびついたとしても不思議はない。

さらに、切られた首についてだが、岡本太郎は意外なところで独自の感慨を表明している。『沖縄文化論』（一九六〇年三—一二月、『中央公論』連載）巻頭の「沖縄の肌ざわり」だ。はじめて沖縄を訪れた体験を記した箇所の冒頭で、太郎はなぜか柳田國男の『山の人生』を引用する。「山に埋もれたる人生あること」の書き出しの「美濃のある炭焼きの話」（太郎）で、柳田から直接引けば「三十年あまり前、世間のひどく不景気であった年に、西美濃の山の中で炭を焼く五十ばかりの男が、子供を二人までまさかりで切り殺したことがあった」（表記一部改変）という事件である。炭焼きは「前後の考えもなく二人の首を打ち落してしまった」のだった。『山の人生』が一九二五年刊だから、一九世紀末頃のことになる。

この残酷な話を引用した岡本太郎は、「私はかつてない衝撃を受けた。——人間生命の、ぎりぎりの美しさ〔…〕。ヒューマニズムとか道徳なんていう、絹靴下のようなきめですくえる次元ではない。現代モラルはこれを暗い、マイナスの面でしか理解することができない。だが、この残酷である美しさ、強さ、そして無邪気さ」と、興奮気味に書きつけ、「こんな炭焼きの話をひいたのは、まさにこの島〔沖縄〕の生活、その基底にこそ、そのような生命の躍動が生きつづけているからだ」と、やや唐突に結んでいる。

†母子像としての「太陽の塔」

私たちの試みは、岡本太郎の一九三〇年代パリでの思想的軌跡と、彼自身のその後のテクストをたどりながら、「太陽の塔」の謎を解くことをめざしていた。いまや目的はほぼ達成されたように思える。といっても、本人が明言していない以上仮説の域を出ないが、すでに述べたことを総合するなら、血の供犠をつうじて再生する太陽のイメージを「塔」に見てとる可能性はほとんど否定できないのではないだろうか。

もっとも、このような解釈にたいしては、当然いくつかの疑問や反論が予想される。おそらく最大の反論は、「塔」が最初から「太陽の塔」という名前をもっていたわけではなかったという事実から生じるだろう。七〇年万博のサブ・プロデューサーのひとりだった小松左京は、「太陽の塔」は「原型制作の時から名前が無かった。アトリエの助手やスタッフは太郎さんが作ったから「太郎の塔」と呼んでいた」(前出カタログ)と言っているし、岡本敏子氏も同様の証言をしている。敏子氏によれば、名前がなかなか決まらなかったが、あるとき岡本太郎が「太陽の塔にしよう」と言いだして、あっさり決まったということだ(『岡本太郎に乾杯』一九九七年、など)。

この問題を、事実関係の確認をつうじて解明すること自体は私たちの仕事ではないが、「太郎の塔」から「太陽の塔」への展開そのものが「塔」の性格を暗示しているとは言えないだろうか。それを素直に見つめる者にとって、「塔」正面の二つの「顔」が頂上部の「親」と中央下部の「子」という新旧二世代のイメージとして目に映るだろうことはそれほど突飛な想像ではない。そして、「よりゆたかな生命の充実」（『テーマ館ガイド』）をうたった万博という場面で、「親」とはもちろん新しい生命を産みだす「母」でなければならないのだから、「塔」は「太陽像」である以前に、すでに「母子像」として構想されていたと考えてもよいはずである。

この場合、塔の作家にとって、母と子が岡本かの子と彼自身であることは言うまでもない。その根拠となるかもしれない太郎の感動的な言葉が、ヴァルドベルクによって引用されているつぎの箇所に見つかる。「幼かった頃の思い出」を記した文章だ。

「一日中、障子をしめきりのうす暗い座敷で、黙々と机に向かってものを書いていた母、若く、ひどい苦悩に動揺していた時代だった。やせた真青な顔。大きな眼で狂ったように前方を見すえ、黒髪をパサッと背にたらして、異様な気配だった。〔…〕真昼の陽のなかで孤独な幼児の心に、ふと閉ざされた部屋の、透明な母の影が、傷口のようにズレて浮かんでくる。あの黒髪をとおした母の横顔。……それは蒼白い面であった。」（「仮面の戦慄」、『美の呪術』）

こうした記述に、たとえば「太郎はなんと愛らしき太郎である事よ。しかも尊敬すべき太郎であるよ。〔…〕立派な芸術家をたった一人子に持てる女性のほこりとよろこびと幸福をしみじみ感じる」という母かの子の手紙（一九三六年）や、母の死を父一平からの電報で知らされ、「正気を失ってパリの街々を無性にかけずり」めぐり、「泪が眼から噴き出」て、「全てのかたちが模糊として眼の前を行きすぎるだけ」になったほどの、太郎の強烈な悲しみ（一九三九年）を重ねあわせながら、「太陽の塔」をもう一度直視してみよう。

すると、父への返信に「母はわがうちに生きつつあれば悲しからず〔…〕」としたためた当時の岡本太郎の思いをよみがえらせるかのように、そこには、頭上に仮面の母をいただき、母の胎内からふたたび生まれ出ようとしている子の姿が浮かび上がってくるだろう。そして、背面の黒い太陽は、母かの子のときには果たせなかった臨終への立ち会いの直後に、太郎がその死に顔を素描することができた父一平（一九四八年死去）のイメージであると考えるなら、「塔」の三つの太陽は母と父と子をそれぞれ暗示しているようにさえ思えてしまう。

じつは万博当時、塔内の地下には金属製の「第四の太陽」が展示されていたが、現在は行方不明になっている。母なる塔の胎内のこの太陽が出産を待つ胎児だと考えれば、四つの太陽をもつ「塔」は、過去（父一平、母かの子）、現在（太郎）から未来（誕生前の生命）へとつながる「家族の肖像」としての姿を現して、四〇年以上も立ちつくしていることになる。

というわけで、こうした視点から先ほどの解釈を補足しておけば、「太陽の塔」は祭りのいけにえとして首を切られた母なる太陽と、彼女が生死の境界を越える瞬間に産み落とそうとしている子である新たな太陽の像であって、背面の黒い太陽は彼らをうしろから見つめる、みずからはすでに光を失った父としての太陽だということになる。「塔」の作者は、彼の国の近代史上最大の祝祭に、最愛の母をよみがえらせて供犠に提供することをつうじて、ほかならぬ自分自身の再生をもひそかに企てたのではなかっただろうか。

「太陽の塔」の謎解きに、少々深入りしすぎたかもしれない。私の解釈は「塔」を一冊の書物として読み解くためのひとつの提案にすぎず、この「書物」には他にも「縄文」や「沖縄」をはじめとするさまざまなページがあり得るだろう。けれども、その最初の、もっとも重要なページが「血の供犠としての太陽＝母子像」だったということを、ひとまず強調しておきたかったのである。

†「いけにえ」としての塔と太郎のマゾヒズム

ところで、太郎が「いけにえとしての母」という発想を、母かの子の急死直後にすでに抱いていたと思われる、重要な資料がある。岡本かの子は、一九三九年二月一八日午後一時、脳溢血のため、東京小石川の帝大病院分院で四九歳の若さで死亡（父一平の二月二八日付太郎宛書簡による）、東京西郊の多摩墓地に埋葬されたが、母の死から一カ月半ほど後、四月六日付の一平への手紙で、太郎はこう書いていた。

「お母さんは一つの聖火となって燃えつくして、美しい死をしました。

何故お母さんの死が美しかったのでしょうか。普通に死ぬことは決して美しくはありません。お母さんの死は十字架を背負った死だから美しかったのです。

お母さんは全く神聖ないけにえだったのです。お母さんは自分の生きた世界の十字架を背負ったのです。

お母さんはいつも、よく生命の負担のことについて話して居りました。

その重味は十字架の重味だったのです。お母さんもいけにえによって永遠にそのたましいに触れる人達によって生かされて行くのです。

信徒がキリストを愛惜したのは磔の下で、次には再生のよろこびが待っていたのです。

お父さんも僕もお母さんの恩寵を得て、お母さんの如くより強く生き、お母さんの如く十字架を背負って美しい死を完うしましょう。お母さんは我々にそうしてもらう為にいけにえになったのです。

あの人間性をつきつめた生命は僕達をそこに至らしめようために戦い、実際いけにえになることによって僕達に見せたのです。

人生は意義ある悲劇です。それで美しいのです。生甲斐があるのです。〔…〕美しい生命を欲するなら、美しい死を欲するのです。美しい死はいけにえです。」（岡本太郎『母の手紙』一九九三年新版新装版から引用。なお、この手紙については、赤坂憲雄著『岡本太郎という思想』〔講談社、二〇一〇年〕から教えられるところが多かった。）

引用が長くなったが、一九三九年春のこの衝撃的で感動的な手紙は、いけにえ＝供犠としての「美しい死」が「再生のよろこび」をもたらすという二八歳の太郎の心情が、まるでサクリファイスの宣言のように鮮明に表現された文章として、じつに大きな意味を持っている。そこでいく度も繰り返されている「いけにえ」という言葉が、太郎が当時パリでモース教授から学んでいた民族学・宗教学の講義を起源とすることは、ほぼまちがいないだろう。そして、この手紙には、すでに死者となった母のように、父も自分も「美しい死を完う」しよう、つまり、ともにいけにえになろうという意思表示が明らかに読み取れるのだから、「太陽の塔」の母子像あるいは家族の肖像としてのイメージの原型は、すでにこの時点で太郎の脳裏にひらめいていたと言えるのではないだろうか。死と再生、祝祭と供犠をめぐる若き太郎の思想的体験が、彼自身は立ち会えなかった母の死への深く、激しい想いと重なっていけにえとしての「太陽の塔」という着想をもたらしたと、私は確信している。

「太陽の塔」に関しては、岡本太郎生誕一〇〇周年の二〇一一年には多くの言説が追加されたが、佐々木秀憲氏（川崎市岡本太郎美術館学芸員）の「岡本太郎旧蔵 欧文書籍に関する考察」（『生誕100年 人間・岡本太郎展』、同美術館、二〇一一年）は注目に値する論考である。佐々木氏は、太郎がルーマニア出身の宗教学者ミルチャ・エリアーデ（一九〇七―八六）のフランス語の著書『シャーマニズムとエクスタシーの古代的技法』（Mircea Eliade, *Le chamanisme et les techniques archaiques de l'extase*, Paris, Payot, 1951）を熟読していたことを発見し、そこから「『太陽の塔』の左右側面の赤色のジグザグは、エリアーデの著書によれば、シャーマンの木の「七つあるいは九つの刻み目」と考えられる」という解釈を提案されている。氏が続けて「エリアーデは『イメージとシンボル』（一九五二）においてシャーマンの木の特徴について「木には七つ、あるいは九つの刻み目がつけられている。その刻み目に足をかけて攀じのぼりながらシャーマンは荘重に「われ、天にのぼらん」と宣言する」と述べている」と記されているように、この新説にはじゅうぶんな説得力があるが、私の塔解釈と矛盾するものではない。いけにえに供された母の首から滴り落ちる赤い血が、母から生まれ出ようとしている新生児を天上界へと導く階段になったと考えれば、むしろ「いけにえ」説を補強するものでさえあるだろう。

ところで、二〇〇〇年秋、私は太郎の後半生を支えた岡本敏子氏（一九二六―二〇〇五）に直接お会いして、「太陽の塔」の私自身の解釈を紹介したことがあったが、その直後に敏子氏からいただいた書簡（二〇〇〇年一一月八日消印）には「あんな風に考えたことはなかったので深い驚きと感動を覚えました。なぜ顔が三つもあるのか（ほんとうは地下にも一つあって四つですが）、誰も言った人はいないのではないでしょうか」と書かれていたことを、つけ加えておこう。

自分自身もいけにえになろうという、若き太郎の強烈な想いは、母との生死を越えた結びつきとは別の次元で、彼の意外とも言える性向を示唆していた。マゾヒズムだ。岡本太郎の知的マゾヒズムを同時代のパリではじめて指摘したのは、スイス出身のフランスの美術批評家ピエール・クルティオン（一九〇二―没年不明）なので、その現場に少しだけ立ち戻ってみよう。

太郎がパリで暮らした一〇年あまりの間に出た、彼の生い立ちと作品を紹介した書物は、G・L・M書店から「今日の画家たち（Les Peintres d'aujourd'hui）」叢書の一冊として一九三七年六月に刊行されたクルティオン編『オカモト』だけである。G・L・Mは、トルコ出身でフランスに移住したシュルレアリスム系の詩人・出版人ギー・レヴィ・マノがパリ一四区ホイヘンス通り六番地に一九二三年から七四年まで開いていた出版社だ。縦横一六×一二センチ、三〇ページ足らずのこの小画集は、クルティオンによるテクスト（「伝記的注釈」と「オカモトと感情の裂傷」）と、太郎のパリ時代の作品の複製である一六点のモノクロ図版によって構成されている。史上初の岡本太郎論「オカモトと感情の裂傷」で、クルティオンは当時二七歳の青年太郎の内面の亀裂にいちはやく注目して、こう述べていた。

「新しいガリヴァー、オカモトは〔ヨーロッパとアジアの〕どちらの大陸にも片足ずつ置いているが、東京＝パリなどというミックスカクテルを作ろうとは夢想してもいないし、パリジャンを装って、ピカソやマティスの新種のあいの子を日本に連れて帰ろうなどとも思ってもいない。彼とともに、われわれは純粋絵画の領域に到達し、そこにとどまるのだ。〔…〕彼は純粋な日本人だが、一方で彼の国の民俗的芸術に含まれる要素と、他方で彼自身が内に秘めている不変の長所を区別できたので、この〔伝統的な〕側面から茶碗や菊やキモノやカケモノなどを一掃することが可能だったのである。そのことをつうじて彼は変容を遂げ、線描の魔術師、執拗なリボン細工師、色とりどりの絹の崇拝者〔フェティシスト〕となった。自作の絵画の女性たちの腕や脚に、彼は帯を巻きつけ、針で刺したり窒息させたりすることをすでに想起させる巨大なあるいは微小な結び目で、手首や足首を縛って自由を奪う。オカモトの絵画につきまとうこの女性、それは彼自身なのだ。彼女は画家の想像力のハーレムから抜け出して、彼の最も秘かな渇望を表象する。タロー・オカモトには知的マゾヒズムが存在している。彼自身の青少年期の最良の年月（それはまた最も楽しい日々だったと思えるが）について語りながら、彼は私にこう語った。「それは、私がたいへん苦しんだ年月でした。当時私はひどく痛めつけられ、**引き裂かれて**いたのです。」

これこそは彼の特徴を表わした言葉だ。一九三七年までのオカモトのすべての絵画は、いわば、**感情の裂傷**なのである。」

この意想外な、だが思わぬ角度から的を射た文章は、太郎がパリ到着後間もない頃出会った「フランス語のフの字も喋らない」で芸術の都に仮寓している日本人画家たちを激しく批判して、「その空しさに言いようのない憤りを感じた」と回想していたことを思い起こさせる（「自伝抄」一九七六年）。この追憶の中で、太郎はさらに続けて「私は〔…〕まず無条件でこの土地にとけ込み、絶対的存在として生きたいと思った」という印象深い言葉を残していた。

パリ在住日本人画家たちとは異次元の、現地の芸術家・知識人との生身の交流というフランス体験をつうじて「絶対的存在として」生きることを模索した若き岡本太郎の心情を、クルティオンは「キモノやカケモノ」などの日本趣味から絶縁した「純粋絵画」の探求として理解しながら、なお「純粋な日本人」として因習的な民族性を超える新たな世界性を提案しようとする選択が、パリで太郎にもたらした変容過程を、「感情の裂傷」と名づけていた。

したがって、いま「裂傷」と訳した原語 déchirure が「(二つに) 引き裂く」行為を意味することを想起すれば、クルティオンの指摘は、岡本太郎のオリジナルな思想の核心に触れている。もちろん「対極主義」のことである。一九五〇年の著書『アヴァンギャルド芸術』で、太郎は合理主義と非合理主義の二項対立や両者の妥協を廃する態度を「新しい芸術精神」に求めて、こう強調していた。

「引き離せば引き離すほど、逆に両極間の吸引力は増し、反発の緊張は深められます。両極には熾烈な火花が散るのです。それはまた引き裂かれた傷口の生々しい、酸鼻を極めた光景です。しかしそれに怖じず、逆に勇気をもって前進し、ますます引き裂かれて行く、そこにこそアヴァンギャルド芸術家の使命があると思います。」

まるでクルティオンの文章を意識したような言葉だが、フランスの批評家が「感情の」と形容した「裂傷＝引き裂き」を、太郎はここで個人的体験から新たな思想的提案に深化させている。クルティオンが慧眼にも見抜いた「知的マゾヒズム」は、太郎の多感な青少年期の記憶を越えて、苦痛を全人格によって受けとめたいという彼の独創的な芸術と思想の萌芽をすでに孕んでいたのではなかっただろうか。

たとえば、パリ時代の代表作とされる「傷ましき腕」(一九三六年／一九四九年再制作)

岡本太郎「幸なき楽園」

の、右手を紫の太いリボンで巻かれ、頭髪に大きな真紅のリボンを蝶結びにした若い男性の手には、リボンを留める細い黒紐が握られていて、彼自身がわが身を縛りつけたことがうかがわれるし、「リボンを付けられた女」(一九三六年)の、長い黒髪と右手首と左肘と右足首をリボンで縛られた女性の、エクスタシーの余韻を漂わせた仮面のような表情は、受苦を快楽に変換する太郎の体験的知を暗示しているとも感じられる。

この解釈を裏づけると思われる一九三七年の画集『オカモト』中の作品、それはLE PARADIS SANS BONHEUR(「幸なき楽園」)と題された油彩画だ。原書巻末の注記によれば三×二メートルの大作で、一九三六年四月〜一〇月制作である。図版ではモノクロなので色彩は不明だが、そこには、竹や松を思わせる樹の幹が幾何学的に歪曲した不思議な森の中で、全裸の若い男女が描かれている。男性は目を閉じてあおむけに横たわり、輪をつくるように両脚を開いて性器を露出している。顔面をぐったりとのけぞらせた姿勢からは、性交直後の疲労感が想像される。あるいは、失敗に終わった性交かもしれない。彼は右手にもった短い枝を女性のほうに差し出しているようだが、二人の間には樹があって、男性の身長の三分の二ほど離れて地面に座った女性は、枝に気づいていない。彼女はうつむいて目を閉じ、上体を起こして右脚を折り曲げ、立ち上がろうとしているのだろうか、両手の指を地面に突いている。

たしかに「幸なき楽園」という表題どおり、まるで過去の行為を悔いて自己を罰そうとするかのような苦悩を感じさせる陰鬱なイメージだ。この画の男女が、クルティオンの指摘に従ってどちらも太郎自身だとすれば、そこには外面（男性）と内面（女性）の両面から自己を苦しめようとする独特のマゾヒズムが表現されているといってよい。それはクルティオンが「知的」と形容したとおり、感覚的な次元を超えて、二〇代半ばまでの太郎自身の引き裂かれた自我の世界につながっている。次の瞬間、彼の内部の女性は立ち上がって、おそらく枝を受け取り、彼女に生の苦しみを教えた「楽園」から出て行くだろう。だが、彼女は追放されるのではない。自分自身の意志で、新たな時空を求めて出発するのだ。

そして、彼女の歩みが岡本太郎自身の選択そのものだったとすれば、彼の知的マゾヒズムはけっして退行的なものではなく、「絶対的存在」として生きるための秘かな、だが力強い意思表示だったのではないだろうか。（岡本太郎がパリ時代に制作した作品は、太平洋戦争中に東京南青山の実家がアメリカ軍の空襲を受けたため、すべて焼失したとされる。「傷ましき腕」など戦前の絵画の多くは戦後太郎自身によって再制作されたが、「幸なき楽園」は再制作されなかったと思われる。）

†太郎の選択――アヴァンギャルドからキッチュへ

このへんで、まったく別の視点から（やや偶像破壊的に）「太陽の塔」を振り返ってみるなら、その巨大な怪物めいたフィギュアは、アメリカの美術批評家クレメント・グリーンバーグが一九三九年の論考「アヴァンギャルドとキッチュ」で述べたことを想起させる。「同一の文明が、T・S・エリオットの詩とティン・パン・アレー（一九世紀末から二〇世紀前半のニューヨークでポピュラー音楽関係の出版社や楽器店が集まった地区）の歌のような、あるいはブラックの絵画とサタデー・イヴニング・ポストの表紙のような、まったく異なる二組のことがらを生み出す」という書き出しで始まるこの評論で、ごく大づかみに要約すれば、グリーンバーグはまず、産業革命以後の近代社会では、同一の文化が少数のブルジョワ的エリートのための先端的でオリジナルな文化（アヴァンギャルド）と都市の労働大衆のための通俗的商業的なコピー文化（キッチュ）を生み出すことを指摘する。そのうえで、アヴァンギャルドは「それ自体のためにしか有効でない何か」の創造を試行して

「自己を特殊化」する過程で、（二〇世紀に入ると）抽象芸術や非形象的芸術を提案する。この時、彼らは、自分たちを出現させた社会的基盤つまり社会の支配層からの切り離しを企てることになる。

他方、近代化の過程で農民の都市プロレタリアートへの変換が生じ、とくに二〇世紀には、自動車、映画、プロスポーツ等々のメディア化された仕掛けをつうじて大衆が都市化されるにつれて、農村共同体的フォークロア文化から都市型キッチュ文化への移行が進行する。この大規模で不可逆的な変化の結果、同時代の文化全体の産業化、資本主義化がキッチュ文化に膨大な経済的利潤をもたらすことになる。そして、この利潤がアヴァンギャルドを誘惑するためにアヴァンギャルドとキッチュの境界の「パズル化」（錯綜化）が起こると、この鋭利な批評家は分析するのである（邦訳は筆者による。〔 〕内は筆者の補足）。

こうした思索を前提にして、岡本太郎の「太陽の塔」を再考するなら、これまで接近してきた一九三〇年代パリでの知的出会いという、その思想的背景の奥深さとは対照的に、この巨像は、いかにも「悪趣味」なキッチュ的造形物として目に映る。最上部の安っぽい金ぴかの仮面、先端が切断されたボーリングのピンか牛乳瓶のような白い太めの胴体、そこから突き出した額の割れたぎょろ目（といっても瞳はないが）の大きすぎる顔、背面のコミック雑誌のイラスト風の黒い太陽など、まさに通俗SF映画のハリボテ怪獣のできそこないといった感じで、エリオットの詩やブラックの絵のようなアヴァンギャルドの系列とは縁遠く、グリーンバーグが例にあげた「大衆的で商業的なアート、多色挿画付きの本や雑誌〔…〕、コミックやハリウッド映画」など、キッチュの系列に属していることは明らかだ。

しかし、すでに何度も確認したとおり、「塔」がその細部にいたるまで、二〇代の太郎の思想形成過程を反映した作品であることも否定できない事実である。こちらの方向から見れば、「塔」は常識的な既成の価値観を否定する、太郎独自の「アヴァンギャルド芸術」の実践にほかならないが、そうだとすれば、「太陽の塔」には「アヴァンギャルドとキッチュ」という「対極」が同時に表現されていることになりはしないだろうか。というよりはむしろ、「太陽の塔」で、太郎はアヴァンギャルドからキッチュへの反転をあえて試みたのではないだろうか。（グリーンバーグと太郎では「アヴァンギャルド」の定義が異なるとはいえ、少数の先端的な「反抗者」の芸術という点では共通している。）その動機が、キッチュ文化の「膨大な経済的利潤」の誘惑だったはずはないのだから（彼の「絶対存在」としての生き方に変節はなかった）、それなら、いったいなぜ、このような一見矛盾する立場を、太郎はあえて選択したのだろうか？

この難問は、こう言ってよければ、岡本太郎の社会学的研究とでも言うべき新たな領域の探求への扉を開くことになるだろうが、ここではごく手みじかに、その方向性を示唆しておくだけにとどめておこう。

岡本太郎は、一九五四年に刊行した著書『今日の芸術』で、「アヴァンギャルドとモダニズム」について意味深い考察を展開している。読者に話しかけるような平易な文体で書かれた、この現代アートの教科書（「常識破り」という点では反教科書）とも言うべき書物で、彼はこう語っていた。

「独自に先端的な課題をつくりあげ前進していく芸術家はアヴァンギャルド（前衛）です。これにたいして、それを上手にこなして、より容易な型とし、一般によろこばれるのはモダニズム（近代主義）です。〔…〕一言でいえば、モダニストが時代にあわせて、その時の感覚《センス》になぞらえていくのにたいして、ほんとうの芸術家はつねに批判的です。〔…〕反時代的な形で、自分の仕事を押し出していくのです。だれもがそうしなかった時期に、新しいものを創造していくからこそ、アヴァンギャルドなのです。」

話を太陽の塔に戻そう。一九七〇年大阪万博のテーマ館プロデューサーを引き受けながら「人類の進歩と調和」には反対だと公言し、丹下健三設計の大屋根をぶちぬいて「ベラボーな」巨塔を作ってしまった当時の太郎は、自分が「反時代的な形で、自分の仕事を押し出して」いった「アヴァンギャルド」芸術家だと確信していたことだろう。ところが、万博後も「塔」が話題になって、マス・カルチャーの前面に躍り出てからの太郎は、「グラスの底に顔があってもいいじゃないか」（一九七六年）や「芸術は爆発だ！」（一九八一年）といった洋酒やカセットテープのTVコマーシャルのパフォーマンスによって、あるいは「今夜は最高！」などTVのバラエティ番組への過度の露出をつうじて「反時代」性を急速に希薄化して、マスメディアの人気者になってしまったように思われる。生誕百周年を越えてなお、彼を知らない世代の若者も含めて多くの人びとが抱いている太郎のイメージは、「太陽の塔」と「芸術は爆発だ！」によって作られたといっても過言ではないだろう。

万博以後のこうした変貌の過程で、太郎は、あたかも「一般によろこばれる」モダニストと化した感があり、アヴァンギャルドは過去のエピソードにすぎなくなってしまったかのようでもあった。とはいえ、太郎の思想的一貫性にあえてこだわって、この「変身」を解釈しようとするなら、晩年の太郎は「老いたる道化」（赤坂憲雄『岡本太郎という思想』中の表現）として、つまりメディアで消費される記号としてフットライトを浴びる道を選ぶことで、アヴァンギャルドの精神にキッチュの装いをまとわせようとしたといえるだろう。この選択には「対極主義」につながる太郎の自己否定の秘かな、だが強固な意思表示が読み取れるのだが、そうだとすれば、この種の変身を知的マゾヒズムの表現として理解することができる。

結局、岡本太郎は、アヴァンギャルドのキッチュへの反転という、軽業師的でマゾヒスト的な操作をつうじて、最後まで「対極主義」の実践を果たそうとしたのではなかっただろうか。それがおそらく、太郎が最後までこだわった「反時代的」アヴァンギャルド性だったのである。

†二項対立を越えて

ゴーギャンとピカソから岡本太郎まで、「文明」への「未開」の侵入の軌跡は、侵入がじつは誘惑として立ちあらわれてきたという事実を浮かびあがらせる。ひたすら進歩と繁栄を追い求める西欧近代型の社会モデルが世界基準となりはじめたのは、二〇世紀初頭前後のことだった。ちょうどその頃から、近代が置き去りにしてきた「未開」の誘惑が人びとの心をとらえるようになるのは、皮肉な現象と言うほかはない。

とはいえ、「未開」に魅惑的な誘惑者を演じさせることは、じつは「文明」という侵略者の演出でもあったから、「文明」対「未開」という二項対立自体が最初からある種の虚構性を帯びていたことはあきらかだった。したがって、この演出の展開の果てに、地理的にも歴史的にも、西欧の対極に位置する極東の島国が「近代化」の頂点で開催したアジア最初の万国博に、「太陽＝切断された首」の像という、いわばもっとも非人間的な形象が提示されていたとすれば、そのこと自体がすでに「文明」と「未開」という二項対立を失効させる事件だったと言えるだろう。

ここで「文明」がヨーロッパ文明の同義語である以上、「未開」とはすでにふれた西欧近代を中心とする同心円の外側に示される非ヨーロッパ世界の、中心からもっとも遠い部分にすぎなかったはずだ。けれども、二〇世紀後半の消費社会がそんな図形的配置を無視して展開された結果、いまやあのタヒチの「静かな夜」はもはやはるかな過去の幻影でしかなく、たとえばボードリヤールが大阪万博の年に書いたように、「モノのジャングルのなかで、現代の新しい野蛮人たちは文明社会の反映を容易に見出せないほどなのである」(『消費社会の神話と構造』一九七〇年)。

それどころか、エドワード・サイードの「オリエントはほとんどヨーロッパ人の発明であった。〔…〕いまや、それは姿を消そうとしていた」(『オリエンタリズム』一九七八年)という、あの記念碑的な言葉にならうなら、「未開＝プリミティヴ」もまた姿を消そうとしている。サイードが「ヨーロッパの発明」と言った「オリエント」が「ロマンス、エキゾティックな存在、執拗につきまとう記憶や風景、めざましい体験」などの記号化であったように、不気味な仮面や彫像、不可思議な習俗、素朴(プリミティヴ)な先住民等々が織りなす「未開」のイメージも、第二次大戦以降の反植民地主義の闘いと、諸民族の自立を求める運動の展開の後では、もはや「ヨーロッパの発明」でしかないだろう。「未開」の側からの自立への意志は、たとえばカリブ海のフランス領マルティニック島出身の詩人エメ・セゼールの詩篇に予告されていた。

しゃがみこんでいた黒ん坊は／思いがけずすっくと立つ／〔…〕
風の中ですっくと立つ／太陽の下ですっくと立つ／血の中ですっくと立つ／
すっくと立ち／そして／自由だ　　（『帰郷ノート』一九三九年、〔砂野幸稔訳、一九九七年〕）

セゼールは一九一三年、第一次大戦の前年にマルティニック島で生まれ、一九三一年、一八歳で奨学金を得てパリに出て、サルトルやフーコーの母校である名門エコール・ノルマル（高等師範学校）受験準備のためにルイ・ル・グラン高校に入学する。岡本太郎のパリ到着より二年ほど後のことだ（高等師範入学は一九三五年）。翌三二年に、セゼールは西アフリカのセネガル出身のレオポルド・サンゴールらと雑誌『黒人学生（エテュディアン・ノワール）』を発行し、その中ではじめて《ネグリチュード》という表現を用いる。「黒人」の蔑称である「ネーグル」（英語の「ニグロ」）をあえて使って、「黒人性」を強調したのだった。

一九三〇年代パリでシュルレアリスムとマルクス主義の洗礼を受けたセゼールは、一九三九年に最初の詩集『帰郷ノート』を出版するが、第二次大戦の開始とともに実際に帰郷を強いられ、一九四〇年代にはマルティニックで妻のシュザンヌや仲間たちと雑誌『トロピック』を発行して、「ネグリチュード」の独自性を主張する持続的な場を模索する（彼が一九四八年の詩集の表題を、アポリネールの詩句から『太陽　切られた首』としたことは、先ほどの「太陽の塔」解釈との関連で興味深い)。

アメリカに亡命するための船旅の途中、マルティニック島でそんなセゼールと出会ったシュルレアリスムのリーダー、アンドレ・ブルトンは、一九四三年『帰郷ノート』再版にニューヨークから寄せた序文で、ネグリチュードの詩人をこう評していた。

「精神の屈従が習いとなり、死の勝利の実現のため以外には何ひとつ生み出されることなく、芸術までもが今にも陳腐な様式のまま硬直化してしまおうとするこの時代にただひとり立ち向かう、最初の清新な息吹〔…〕は、ひとりの黒人によってもたらされたのである。〔…〕この黒人は、単にひとりの黒人であるだけでなく、全人類を体現し、人類のあらゆる問い、あらゆる苦悩、あらゆる希望、あらゆる喜びを表現する、人間の尊厳の模範として、いよいよ私を捉えて放さない。」(砂野幸稔訳、同上、傍点はブルトン)

ここで、私たちは「文明」と「未開」の逆転が、「普遍」と「特殊」のそれと重なりあって立ちあらわれていることに気づかずにはいられない。「ひとりの黒人」という、「文明」の中心からもっとも遠い「未開」を引き受けさせられてきた「特殊」な存在が、「文明」の死滅を救う「新しい息吹」をもたらすことで「全人類を体現」する「普遍」の位置を獲得したことを、ブルトンは強調したかったのではなかっただろうか。

そして、このときすでに、「特殊」に対する「普遍」の優位がその耐用期限を越えてしまっていたのだとすれば、二項対立の解体は、あのヨーロッパ「文明」中心の同心円の崩壊過程を加速させることになったのである。

第4章

無意識 理性から狂気へ

症例オーギュスティーヌ

†無意識の発見――内部の敵

「文明」と「未開」という二項対立は、今となっては時代錯誤的な思いこみかもしれない。しかし、それが「人間はなぜ非人間的になれるのか」という私たちの問いにかかわっていたのは、理性的なもの対非理性的なものというもうひとつの対立を反映していたからだと言ってよいだろう。つまり、世界の暗闇を理性の光であまねく照らしだそうとする啓蒙主義的理性こそが、西欧近代「文明」の原点であり、この理性からの距離が大きいほど闇は暗く、「未開」は深くなってゆくという発想が、近代のヒューマニズム＝人間中心主義を理性中心主義の同義語にしてしまったのである。

したがって、近代的な記号体系のもとでは、「未開」とは非理性的で非合理的な人間たちの世界を意味していた。ところが「文明」を生きる人びとの精神構造の中にも、じつは「未開」につながる暗闇の領域が潜在しているという事実がしだいに明白になると、理性の主体としての人間は新たな内部の敵を見出すことになる。無意識の発見である。

「暗闇」といえば、フランス啓蒙思想の代表者であるジャン＝ジャック・ルソー（一七一二―七八）が『エミール』（一七六二年）に記した、彼自身の少年時代の出来事が思い出される。

一四、五歳の頃だろうか、スイスの新教の牧師の家に寄宿していたルソー少年は、ある夜同宿の友人たちとの語らいのはずみで肝試しを引き受けてしまい、教会堂の説教壇の上にある聖書を取りに行くはめになる。覚悟をきめた少年は深夜、たったひとりで墓地を通って、なんとか教会堂にたどりつくが、こわごわと重い扉を開けて内部の暗闇に足を踏み入れただけで、すっかりパニックにおちいり、ほうほうのていで逃げ帰る。けれども、家の灯が見えるところまでもどって室内の談笑を耳にすると、先ほどの恐怖は消えてしまう。友人たちはルソーの帰りが遅いので、救援隊を出そうとしていたのである。このまま手ぶらでもどることが何を意味するかをすぐに理解したルソーは、再び教会堂へとむかう。すると、最初の不安が嘘のように消え、今度は何のためらいもなく扉を開けて難なく説教壇にたどりつき、聖書を探しあて、意気揚々とひきかえして友人たちの喝采を浴びたのだった(『エミール』第二篇)。

このエピソードは、世界の暗闇が心の暗闇と重なっていることを、みごとに物語っている。夜の闇が怖いのは、この暗闇を理解できない心の闇のせいであって、暗闇そのものが危険であるわけではないのだから、理性によって闇と危険を切り離してしまえば、無知から生じる不安と恐怖は、もはや根拠をもちはしないだろう。

こうして、ルソーの個人的体験が象徴的に示しているように、文字通り闇を開く「光(リュミエール)の思想」だった啓蒙主義に導かれた近代合理主義の展開は、それを反映する科学とテクノロジーの足早の進歩をともなって、たしかに暗闇の恐怖から人びとを解放した。その結果、幽霊や亡霊たちには住みにくい時代が訪れたわけだが、心の闇のほうは、そうかんたんに姿を消したわけではなかった。むしろ、一九世紀の西欧社会をつうじて人間という不可解な動物についての認識が深まるにつれて、人間＝理性的存在という図式への懐疑が強まってゆく。

†ヒステリー研究の時代

そんな傾向を代表する科学上の出来事のひとつが、一八七〇―八〇年代に、パリのサルペトリエール病院で進められたヒステリー研究だった。主役は神経学の巨人ジャン＝マルタン・シャルコー（一八二五―九三）、その風貌とカリスマ的影響力から「医学界のナポレオン」の異名をとった医学者である。一八七二年パリ大学医学部の病理解剖学教授に就任したシャルコーは、精神病者を中心に治療をおこなう施設だったサルペトリエール病院の女性ヒステリー患者に強い関心を抱いていた。この病院には、とりわけ「不治の女たち」つまり「性病患者、矯正不能な不良娘、耄碌した女、狂女たち」が収容されていて、その数は「一八七三年には四三八三名」に上ったという（ディディ＝ユベルマン『アウラ・ヒステリカ』谷川多佳子・和田ゆりえ訳、一九九〇年）。

ヒステリーは、よく知られているとおり、その語源がギリシア語の「子宮（ヒステリオン）」に由来することから女性に固有の「病気」とされ、ヨーロッパ中世期には魔女狩りと結びつけられたほどだった。その後も、たとえば一六世紀スイスの医者で「医学界のルター」と呼ばれたパラケルススさえ「好色性舞踏病」と名づけたように、この「病気」はさまざまな性的含意をつけ加えられ、一八四六年になっても、『ヒステリー総論』の著者ランドゥジーは「生殖器がしばしばヒステリーの原因であり、またつねにその病原であることを確信すべきであろう」(『アウラ・ヒステリカ』)と断言していた。

とはいえ、ヒステリーが器質的疾患だとすれば、病んだ器官を治療すれば治癒するはずだが、じっさいにはヒステリーと称される「病気」は、「ヒステリー盲、聾、失声、痺、失立、失歩、けいれん、限局性頭痛」などの「身体的機能障害(スティグマータ)」(弘文堂版『新版精神医学事典』一九九二年)の総称であって、それらの症状はヒステリーの発作が鎮まれば消え失せ、後遺症は残らないのだ。

シャルコーは、サルペトリエール病院の患者たちをつうじてヒステリー研究に打ちこみ、はじめは患者が卵巣痛を訴えることを強調して「子宮説」に立ち戻った印象をあたえたが、やがてヒステリーと癲癇《てんかん》の区別に注目し、「ヒステリーは癲癇を模倣する」(『アウラ・ヒステリカ』)と宣言する。つまり、癲癇が「真の」病気であるのにたいして、ヒステリーはそれを「模倣する」(類似した症状の)機能障害だというのである。こうした視点から、彼は催眠術をヒステリーの治療法にとりいれるようになり、一八七八年に「ヒステリー性拘縮はヒステリー素質に支配されている女性で人工的に引き起こすことができる」(エティエンヌ・トリヤ『ヒステリーの歴史』一九八六年（安田一郎・横倉れい訳、一九九八年）と述べて、ヒステリーが催眠下の暗示によって生じることを実証して見せたのだった。

こうした研究は、シャルコーの評判を医学の領域を越えてはるかに世間的な次元へと拡大する結果をもたらし、モーパッサンやレオン・ドーデのような作家が作品中でその名をあげているほどだ。シャルコーの公開講義に出席したこともあるモーパッサンは、一八八二年の短編『マニエティスム（催眠術）』で、「シャルコー氏は傑出した学者だということだが、私にはエドガー・ポーのたぐいの物語作家のような印象をあたえる。狂気の不可思議な事例に深入りしすぎて、しまいには自分が狂人になってしまうような人びとである」と書いて、ヒステリー研究に没頭する医学者が理性と狂気のあやうい境界を越えかねない人物であることを直観していた。

†「自動症」の男

この種の名声は、シャルコーが一八八七年から八八年にかけてサルペトリエール病院でおこなった「火曜講義」と呼ばれる公開の連続臨床講義の大盛況によって、不動のものとなる。ヒステリー性癲癇、顔面神経麻痺、痙攣性チック症、汚言症、舞踏病などの患者をじっさいに教室に連れてきてなされるこの講義は、理性の主座であるはずの人間がいかに非理性的な生き物に変貌してしまうかを、当時の人びとに実感させるものだったろう。

たとえば、一八八八年一月三一日の講義には、「歩行自動症」の三七歳の男性患者が登場する。シャルコーがとくに関心を抱いていた患者だという（以下の記述はクリストファー・ゲッツ『シャルコー／神経学講義』一九八七年〔加我牧子・鈴木文晴訳、一九九九年〕による）。ある商店の配達係だった男は、一八八七年七月三〇日の午後、パリの高級住宅街パッシー通りに配達に行く途中で、トロカデロ（あの人類学博物館があった場所）に立ち寄って、当時建築中だったエッフェル塔を見ているうちに突然意識を失う。それから二日二晩、何をしていたかまったく記憶がなく、気がつくと、なんとセーヌ河のなかにいたのだった。つまり、（おそらく八月一日の）午前九時半に、エッフェル塔から数キロ上流に位置するベルシーのナシオナル橋からセーヌ河に飛びこんだのだ。「その瞬間に意識が戻りました」と患者は明言するが、意識の中断の間の行動はまったく正常で、ベルシーまで列車の切符を買い、時計のねじまできちんと巻いているのである。

患者を問診した後で、シャルコー教授は「この奇妙な無意識状態は、本当のところはいったい何だったのか」と聴衆に問いかけ、みずから謎を解く。「すべての状況から判断して、この患者の病気の原因は、実は癲癇なのです。〔…〕こうした患者は自動的に歩き回っているのですが、無意識であることを示すしるしを外部にまったく見せません。こうした症状について〔…〕「歩行自動症」という表現を使うことにします」（同上）というのだ。シャルコーは癲癇の小発作後に起こる譫妄状態が夢遊病に似た症状を引き起こすと主張し、この患者に癲癇の治療薬を持続的に投与したところ「自動症」が消えたことを報告している(じっさいには、その後再発したようだ)。今日の医学から見たシャルコーの評価という問題は、もちろん私たちの及ぶところではないが、一九世紀末フランスの知的風景の中で、人間という理性的存在が受けとるさまざまな非理性的形態に鋭い視線を向けたシャルコーの姿はひときわ大きな影をつくっているように思われる。

話をヒステリー研究のほうにもどそう。一八八五—八六年に数カ月間、パリのシャルコーのもとで学んだウィーン出身の医学者がいた。のちに精神分析のリーダーとなるジークムント・フロイト(一八五六—一九三九)である。フロイトは、シャルコーとの出会いにきっかけをあたえられ、フランスのナンシー学派のベルネームの催眠暗示療法や、オーストリアの神経科医ブロイアーの催眠カタルシス療法(催眠下の談話による抑圧からの解放を目的とする療法)にヒントを得た。過去または現在の精神的葛藤が、無意識と呼ばれる精神の領域中でひそかに抑圧されることがヒステリーの原因であり、こうして圧迫された精神的エネルギーが身体症状を引き起こすと考えたのだ。その後、催眠療法の限界を悟ったフロイトが、症例エリザベートの治療のさいに、患者に思いつくままに自由に話させることを中心とする「自由連想法」を実践して、一八九〇年代に精神分析療法を確立することになるのは、よく知られているとおりだ。分析を受ける患者がカウチに寝そべって、本人から見えないように背後に位置する分析者(医者)に自由な連想を語るという、今となってはクラシックなあのスタイルである。

フロイトのヒステリー研究についてはすでに多くのことが語られているので、ここでは立ち入らないが、シャルコーからフロイトにいたるヒステリー研究が「無意識」という新しい世界の発見に大きな力を貸したことは、一九世紀末ヨーロッパを特徴づける知的事件だった。それればかりでなく、「無意識」の発見は、二〇世紀文化に出現する人間の新しいイメージに決定的な影響をあたえることになった。

†ブルトンと精神分析

だが、こうして見出された無意識の領域は、人びとの心の底知れぬ深層にひそんでいるので、日常生活の表層に姿を現すのは、ふつうはフロイトが『精神分析入門』(一九一七年)で指摘した「失錯行為《フェライストウンク》(錯誤行為)」のような場合に限られる。たとえば、ある男が手紙を出し忘れたり、住所を書き違えたり、切手を貼り忘れたりして、三度も出しそこなったのは、その手紙を出したくないという「無意識」の意図のあらわれだというわけだ。「無意識」のもっと劇的な場面に出会いたければ、「正常」の境界を越えた出来事に接近するほかはない。シャルコーの「火曜講義」があれほどの社会的関心を集め、現在でも人びとが「異常」な症例や犯罪に関心を寄せるのは、それらが自分たちの内なる狂気の代行者であることをどこかで意識しているからだとさえ言えるだろう。

けれども、現実の中には、狂気が日常化される場面がたしかに存在している。戦争のことだ。今から八〇年ほど前、第一次大戦下のフランスで、人殺しが賛美され人助けが非難される戦場で異常な事態の渦に巻きこまれて、深層の無意識の不意の突出を体験したひとりの医学生がいた。のちにシュルレアリスム運動の創始者となる、あのアンドレ・ブルトン（一八九六―一九六六）である。

ブルトンは一九世紀末にフランス北西部ブルターニュ地方の小都市タンシュブレーで生まれている。生後まもなく、父がパリ近郊の香水壜用のクリスタル・ガラス会社に勤務することになって、二〇世紀初頭のパリで少年時代を過ごす。中学・高校時代から文学に傾倒し、象徴派風の詩を作っては当時フランスを代表する詩人のひとりだったポール・ヴァレリーに送り、高い評価を受けたほどだったが、親（とくに母親）の強い希望で理系の勉強にはげみ、一九一四年一〇月にパリ大学医学部に入学する。

ブルトンは精神医学に関心を抱いていたから、この年の八月にドイツとフランスの間で数百万の戦死者を出すことになるあの戦争が始まっていなければ、シャルコーやフロイトの後を継ぐような医学者になっていたかもしれない。けれども、開戦直後に入学した医学生たちは基礎教育課程がはじまったばかりの一九一五年四月にはさっそく動員され、「金髪、面長、灰色の眼、鷲鼻、身長一・七四メートル」（当時の兵士登録証による）のこの美青年は、最初は大西洋岸の古都ナントの衛生隊に配属される。戦場から遠く離れた港町で、ブルトンは好きな詩作への思いをつのらせることができた。フランスの兵士なのにイギリス軍の制服を着るといった悪ふざけにふけり、麻薬を常用する不思議な患者ジャック・ヴァシェと知り合って、ランボーからアポリネールにいたる詩人たちについて議論をかわしたことは、とりわけ既成の文学への幻想を断ち切るきっかけとなったようだ。

動員医学生ブルトンが、戦争の悲惨な現実に直面させられるのは、翌一九一六年七月一日に七〇万を越える死者を残してヴェルダンの激戦が終わった二週間ほど後、東部戦線の最前線に近い町サン・ディジエの神経病センターに転属になってからのことだ。ここで、急造医学生は兵士たちの神経＝精神障害の処置にあたったばかりでなく、法医学上の報告書を作成するという重要な任務を課せられた。精神に異常をきたしたと自称する兵士を鑑定し、兵役免除や年金の給付を決める重要な資料を作成することになったのである。

†戦場の「超現実」

そんな業務に追われるうちに、ブルトンはある若い患者と出会って衝撃を受けることになる。この患者は「教養ある若い男性で〔…〕、爆撃の最中に塹壕の盛土の上に立って、飛び交う弾丸の方向を指さした」という無謀な行為によって上官を驚かせたが、本人は大まじめで「目の前の戦争は模擬戦にすぎず、砲弾はまがいものですこしも危害を加えることがなく、身体の傷はメーキャップによるものであり〔…〕、解剖室からもち去られた死体が夜のうちに偽の戦場に運ばれて配置されている」等々と主張したのだった（『ブルトン　シュルレアリスムを語る』一九五二年）。

激戦の渦中であえて戦争という現実を否認する人間精神の底知れぬ奥深さを実感したブルトンは、このときすでに「超現実」という発想を抱きはじめていたと思われるが、この実感はほぼ同時期のもうひとつの体験によって、いっそう確実なものとなる。フロイト理論との出会いだ。サン・ディジエで、二〇歳の医師補（当時のブルトンの職名）は、かつてシャルコーの助手を務めたラウル・ルロワ博士の指導を受けていたが、一九一六年の夏にエマニュエル・レジス著『精神医学概説』を読んで、フロイトの精神分析におそらくはじめて接したのである。友人あての手紙で、ブルトンは「精神医学は私を熱狂させる。レジスのページはすばらしい！」と書いて、つぎの箇所を引用しているほどだ。

「フロイトの心理学は拮抗する、または組み合わされ諸力の展開においてひとつのシステムとみなされる心的生活の力動的概念にもとづいている。そこでは、主体が認識する意識的要素からなる部分はごくわずかにすぎないのにたいして、無意識的要素ははるかに多量であり、とりわけわれわれの精神活動の決定において、いっそう活発である。」（ブルトンのテオドール・フランケル宛手紙、一九一六年八月三一日付）

この手紙は、のちのシュルレアリスムの指導者が「無意識」という概念を人間の精神活動に積極的に結びつけた最初の場面のひとつとして注目される。それ以後彼は、フランスで刊行された最初の精神分析に関する著作であるレジス、エスナール共著『神経症と精神病の精神分析』（一九一四年）などをつうじてフロイトの自由連想法を知り、サン・ディジエの患者たちに「精神分析の研究方法を試みること、とりわけ、解釈を目的として、夢と制御されない観念連合を記録することができた」（『シュルレアリスムを語る』）のだった。話は先まわりするが、ブルトンは一九一七年には、パリのピティエ神経病センターでバビンスキー博士（中枢神経系の器質的疾患による麻痺が生じた患者の足底部を刺激すると反射が起こることを発見した著名な医学者）の指導を受け、一九二一年にはウィーンのベルクガッセ一九番地の診察室にフロイト教授を訪問している。また、一九二四年に出版した『シュルレアリスム宣言』をエスナール博士に献呈し、つぎの献辞をささげているほどで、彼が精神分析の理論と方法に精通していたことが、シュルレアリスムの成立の決定的な要因となったのはまちがいない。

「フランスではほとんどただひとり、精神の崩れ落ちた城郭の中にまだ消えていないランプをもちこんだエスナール博士に、悲しい感謝をこめて」（ベアール『ブルトン伝』一九九〇年、による）

「悲しい感謝」とは、フロイトを発信源とする精神分析の理論がフランスではなかなか正当に評価されなかったことを暗示している(フロイトの主要な著作がフランス語に翻訳されるのは、ようやく一九二〇年代後半以降のことだ)。それはともかく、医師補ブルトンの戦場での臨床経験と精神分析との出会いは、戦後まもなく、彼に新しい芸術創造の方法を着想させた。自動記述(エクリチュール・オートマティック)である。

†自動記述からシュルレアリスムへ

一九一八年一一月一一日、四年と三カ月も続いたヨーロッパ大戦はドイツの無条件降伏によってようやく終わりを告げた。当時、ブルトンはすでにパリにもどっていて、カルチエ・ラタンのパンテオンに面した「偉人ホテル(オテル・デ・グラン・ゾム)」(パンテオン広場に現存)に住みついていたが、一九一九年の春に不思議な体験をすることになる。ある晩、眠りこんでしまう直前に、彼は「一語でも変えることが不可能なほどはっきりと区切られ、それでいて一切の声の響きから切り離された、かなり奇妙なフレーズを知覚したのだった」(『シュルレアリスム宣言』一九二四年、以下同じ)。

それは「窓ガラスにぶつかるようなフレーズ」で、本人は、「なにかしら、窓で二つに切られた男がいる、というような文句だった」と、すこしあいまいな言い方をしている。

結局、ひとりの男が胴体の中ほどを窓で輪切りにされて歩いているイメージだったのだが、この場面が、窓から身を乗り出した男が窓ごと立ち上がったものであることが、すぐに直観されたという。その後、声とも映像ともつかぬこの種の現象がつぎつぎと訪れたので、ブルトンはそれらを記述して「詩作の素材にとりこもう」と考えるようになった。

こうして、一九一九年のおそらく五月末頃、ブルトンは友人のフィリップ・スーポーと二人で偉人ホテルの自室にこもり、「理性による一切の管理が不在の状態でなされる思考の書き取り」に熱中し、この実験を「自動記述」と名づけることになる。このときの試みで得られた結果は、ブルトンがアラゴン、エリュアールらの仲間と発行していたアヴァンギャルドの雑誌『文学』に、おなじ年の秋から「磁場」という表題を付して発表され、翌一九二〇年にダダの画家フランシス・ピカビアの挿絵付きの単行本で出版される。

のちに本人がアメリカのエール大学での講演(「両大戦間のシュルレアリスムの状況」一九四三年)で、「「磁場」の最初の数章が発表されたことから」シュルレアリスムが始まったと明言しているのは、このときの試みの中で「公然たるオートマティスムがはじめてほとばしりでた」からにほかならないのだが、ここでブルトンが「オートマティスム」という言葉を用いていることは興味深い。というのも、それは精神医学で「自動症」と訳される用語で、「本人には何の意図もなく、また行動しているという意識もなしに、一連のまとまった行動が自動的におこなわれる状態」(『新版精神医学事典』、前出)を指すが、私たちはすでにシャルコーの「歩行自動症」の講義でこの用語に出会っているのである。

ここで、私たちはシュルレアリスムの最初の企てである自動記述が、ブルトンの言うようにフロイトの自由連想法をその起源とするばかりでなく、もうひとつの源泉をもつことに気づかないわけにはいかない。それはフランスの医学・心理学者ピエール・ジャネ（一八五九―一九四七）が一八八九年に発表した博士論文『心理的自動症（オートマティスム・プシコロジック）』である。

†第二の自己

著者が三〇歳の若さでソルボンヌ大学に哲学の学位論文として提出した四〇〇ページを越えるこの研究では、「人間活動の下位の諸形態に関する実験心理学の試み」という副題が示すとおり、「もっとも単純で、もっとも未発達な諸形態における人間活動」の解明がめざされていた（引用は『心理的自動症』初版にもとづく一九七三年の復刊による。以下同じ）。つまり、「意思、決断力、自由な判断力などの上位の活動」が関知しない反射的で機械的な諸行為のことだが、それらの活動をジャネが「自動的活動」と名づけたことは、シャルコーの教えを受けてヒステリー研究を手がけたという彼の経歴を反映しているといってよいかもしれない（ジャネは師に請われて、一八九〇年にサルペトリエール病院心理学実験室主任となる）。そして、こうした「自動的活動」のひとつとして、このシャルコーの弟子は

「自動記述」の症例研究に多くのページを割いているのである。

ここで自動記述とは、自動症の定義どおり、本人がまったく自覚していないのに、手がひとりでに動いて文字や文章を記述し、その結果を本人はすこしも記憶していないという、人格の分裂あるいは多重化につながる病理現象のことだ。つまり、自動記述をつうじて「正常な自己（ジャネは英語でノーマル・セルフと呼ぶ）」の関知しない「第二の自己（セカンダリー・セルフ）」（場合によっては、第三、第四の自己）が出現するのである。たとえば、「リュシー」と呼ばれる二〇歳の女性について、ジャネはこんな記録を残している。

「いささか驚かなかったわけではないことを白状するが〔…〕、ある日私は彼女と（自動記述によって）つぎのような会話をした。そのあいだじゅう、彼女の正常な自己はたえず別の人物とおしゃべりしていたのである。私は彼女に言った。――私の声が聞こえますか？――いいえ（彼女は自動記述で答えた）――でも、答えるためには聞こえていなければなりませんよ――ええ、もちろんです〔…〕――私の声を聞いている人が誰かいるはずですね？――はい――それは誰ですか？――リュシーとは別の人です――その人の名前を教えてくれますか？――だめです――いいでしょう。そのほうが便利ですよ――そうですね、アドリエンヌです――それじゃあ、アドリエンヌ、私の声が聞こえますか？――はい」（同上書）

こうしてジャネは、自動記述によってリュシーの「第二の自己」アドリエンヌを呼び出すことに成功する。この種の手続きが、一八八九年の論文からちょうど三〇年後にいわばシミュレーションとしての自動記述を試みて、「私」の深層にひそむ「未知の私」を呼び出そうとしたブルトンたちのモデルとなっただろうことには、ほとんど疑いの余地がないように思われる。ブルトンは精神医学を専攻する医学生だったのだから、なおさらである。そのうえ、「自動記述」という言葉を彼ら以前に用いたのはフロイトではなくてジャネのほうだったのに、ブルトンはジャネの影響についてはなぜか「黙秘」しているのだ。

この沈黙の理由は、あの「悲しい感謝」、つまりブルトンと当時のフランスの精神医学界との対立的な関係に、おそらくかかわっている。ブルトンは、一九二八年の作品『ナジャ』でフランスの精神医療制度をきびしく告発し、翌年一一月のフランス医学・心理学会会報『医学・心理学年報』で名指しで非難されることになる。この「年報」には、当時フランス最高の知性の殿堂コレージュ・ド・フランス教授だったジャネ自身によるシュルレアリスムを誹謗するコメント（「シュルレアリストの作品は妄想狂の告白だ」等々）まで掲載されていたのだった（ブルトン『シュルレアリスム第二宣言』一九三〇年、による）。

†裏箔のない鏡

それはさておき、フロイトの自由連想法とジャネの『心理的自動症』を両極とする精神医学上の研究から着想された自動記述の実験をつうじて、ブルトンたちは無意識の領域の探求を試みたと言ってよい。その最初の結果は「裏箔のない鏡」と題されたテクスト（『磁場』冒頭に収録）だったが、これは注目に値する事実だ。なぜなら、あの「窓で二つに切られた男がいる」という言葉を知覚した一九一九年春の体験で、「窓」とは意識と無意識をへだてる「壁」にうがたれた開口部のイメージだったのである。したがって、意識の側から身を乗り出して無意識の世界をのぞきこんだまま立ち上がった男とは、ブルトン自身にほかならないのではないだろうか。

こう考えると、「裏箔のない鏡」という表現は、じつは「窓」を指していることが理解されるだろう。つまり、素通しのガラス窓は「裏箔のない鏡」であり、窓の外の風景とは窓＝鏡に映った内部の光景なのである。だから、そこでは内と外が逆転していて、意識の「壁」の外部に見えた世界は、じつは内部の無意識の世界だったというわけだ。この逆転は、「裏箔のない鏡」が、現在は『青い窓』と呼ばれてニューヨークの近代美術館に収蔵されているアンリ・マティスの一九一一年の絵画の原題だったことからも、あきらかだろう。なぜなら、マティスの作品では、窓の外の藍色の樹木や薄青の空は、戸外の風景というよりはむしろまったく同じ青系の色を基調とした室内の延長なのであって、「窓」はインテリアを反映する「鏡」の役割を果たしているからである。

†「無意味」と「無意識」——邂逅と訣別

ところで、ブルトンとスーポーのテクストはこんな調子ではじまっていた。

「水滴の囚人、われわれは永久の動物にすぎない。物音のしない都市をわれわれは走り抜け、魅惑的なポスターにももう心を動かされはしない。あの壊れやすい熱狂、あの干からびた歓喜の跳躍がいったい何の役に立つだろう。われわれはもう死んだ星たちしか知らない……」(『磁場』一九二〇年版から引用)

これがなぜ「自動記述」なのかと思えるほど完璧な統辞法(シンタックス)にしたがい、省略も中断もないこうした文章に接して、私たちはすでに見てきたほぼ同時代の詩的実験との、あまりにも大きな差異に驚かされる。一九一六年から一九年にかけてチューリヒ・ダダが試みたのは、文法構造の解体や黒人詩の無断引用をつうじて「無意味」の言語を突出させることだったが、一九一九年のブルトンたちにとって「無意味」はもはや問題ではなかった。「無意識」の誘惑が彼らをとらえて放さなかったのである。

もっとも、ブルトンたちの実験はじっさいにはそれほど厳密ではなく、自動記述の結果に補筆や訂正などの意識的操作を加えていることが、草稿研究からあきらかになっている。

それにしても、彼らがこの時点ですでにダダ風のノンセンスとは異質な地点に到達していたことはまちがいない。ところが、一九二〇年にツァラがパリに到着するとブルトンたちはこぞってダダのパフォーマンスに熱中し、パリ・ダダの季節が始まるのは、歴史の逆説というほかはないだろう。その結果、パリ・ダダは無意識への関心をはらんだ無意味の祝祭として展開されることになり、この内部矛盾がやがてツァラとブルトンの個人的対立となって表面化する。ダダの運動は一九二二年には崩壊へとむかい、一九二四年一〇月の『シュルレアリスム宣言』の出版と一二月の雑誌『シュルレアリスム革命』の創刊とともに、新たな運動であるシュルレアリスムが出発するのだ。

†シュルレアリスムと狂気

『シュルレアリスム宣言』で、ブルトンは彼の新しい芸術と思想の運動をつぎのように定義していた。

「シュルレアリスム。男性名詞、純粋な心の自動運動（オートマティスム）。それによって、人は口述、記述、その他あらゆるやり方で、思考の現実の働きを表現しようとする。美的または道徳的なあらゆる気づかいの外部で、理性による一切の管理が不在な状態でなされる、思考の書き取り。」

このときの『宣言』が、自動記述の小品集「溶ける魚」と一体となって刊行されたことが示すように、この定義はシュルレアリスムを自動記述とほとんど同一化するものだ。つまり、理性によるコントロールをオフにした状態で立ちあらわれる精神（思考）の諸相を、さまざまな手段を用いて表現しようとしたわけだ。この状態をブルトンは「超現実」と名づけて、こう書いている——「私は、夢と現実という見かけはひどく対立している二つの状態が〔…〕ある種の超現実のうちに将来解消されることを信じている」（『シュルレアリスム宣言』）。

ここで「夢と現実の対立の解消」などというロマンティックな言葉で語られている「超現実」だが、かつての医学生（ブルトンは戦時中に医師補の資格を取得した後、一九二〇年には医学部を中退して、母親をがっかりさせている）にとって、「理性に管理されない思考」の追求とは、じつは狂気への接近をはらむ危険な企てだった。自己の安定した管理者であることをあえて放棄して、意識の力によって抑圧されてきた無意識の世界を解き放つことは、みずからを主体＝理性の秩序から客体＝非理性の無秩序へと移行させかねない選択なのだ。すでに一九一九年の『磁場』の実験のさいに、ブルトンはオートマティスムの実践が、彼を帰還不能な精神の深淵に置き去りにしてしまう危険に不安を抱き、死の恐怖さえ予感していたという（マルグリット・ボネ『アンドレ・ブルトン、シュルレアリスムの冒険の誕生』二版、一九八八年、による）。そして、一九二四年の『宣言』に彼はこう書いて、「狂人」と呼ばれる社会的少数者への共感をあきらかにしていた。

「彼ら〔狂人〕が、ある程度は自分たちの想像力の犠牲者であるという事実を、私はすすんで認めてもよい。つまり、想像力がある種の規則の不服従へと彼らを押しやってしまうのである。〔…〕狂人たちの打ち明け話なら、私はそれを聞き出すことに一生を費やしてもよいくらいだ。彼らは良心的で誠実な連中であり、その無邪気さときたら私の邪気さの他にはくらべようもないほどである。コロンブスはアメリカを発見するために、狂人たちとともに出発しなければならなかった。そして、この狂気がいかに現実のものとなって持続したかを見るがよい。」

†マイノリティへの視線

こうした共感から、シュルレアリスム運動は一貫して「狂人」や「犯罪者」などマイノリティの側に立つことになる。たとえば、一九二八年に発表された声明「ヒステリー五〇周年」がそうだ。そこで、ブルトンと、やはり元医学生だったアラゴンは、ちょうど五〇年前の一八七八年に、シャルコーがサルペトリエール病院で「オーギュスティーヌ」と呼ばれる一五歳の少女の症例研究をおこなったことを強調する。彼らは、その後バビンスキーの「心因説」によって、ヒステリーが「病気」ではなく暗示をつうじて引き起こされる一時的状態であることが実証されたと述べたうえで、「ヒステリーは病的状態ではなく、あらゆる点から見て、至上の表現手段とみなし得るものである」というヒステリーの新たな定義を提案している。つまり、人間が理性からみずからを解放する手段として、ヒステリーを高く評価したのだった。

さらに一九三三年に、父親から六年間にわたって性的関係を強要された一八歳の少女ヴィオレット・ノジエールが父親を毒殺するという事件が起こると、シュルレアリストたちは、ブルトンやエリュアールからダリやエルンストまで十数名の連名で声明を出して、少女を擁護する運動を展開する。この声明の冒頭で、ブルトンはこう書いていた――「歴史は語るだろう、ノジエール氏は先を読んでいたと。彼が〔売春婦との交渉に支払っていたはずの〕一六万五〇〇〇フランを節約したからだけではなくて、とりわけ、自分の娘のために選んだ名前の最初の部分が、精神分析的な意味で彼の計画を暴露していたからだ〔「ヴィオレット」の前半部「ヴィオル」は「強姦」の意〕」。

シュルレアリスムのこの種の傾向は、一九三〇年にブルトンとエリュアールが、ダリの協力を得て刊行した作品『処女懐胎』(「無垢な概念」の意味もある)で、おそらく頂点に達する。そこでは、自動記述を思わせるスタイルで、「精神衰弱」「急性躁病」「全身麻痺」「解釈妄想」「早発性痴呆」等の「狂気」のシミュレーションが記述されていたが、ヒステリーを「至上の表現手段」と認めた彼らにとって、それらの「狂気」はゆたかな表現力の源泉だったのである――「ある朝、彼はそこにいて、アネモネの髪が呼吸するのをながめている。街路がそのすべての車輪で挨拶を送る。〔…〕彼は完全に孤独なので、全体から自分を排除する。〔…〕正午に、時おり、彼は一二回微笑む。夜、怖いときも微笑む。彼は自分のすべての感覚に微笑みの手錠をかける」(『処女懐胎』「人生」から引用)。

†アール・ブリュットの深淵

シュルレアリスムの冒険は、ブルトンの精神医学との出会いと戦争体験をきっかけとして、自動記述の実験から「狂気」のシミュレーションへとたどりついた。こうして、シュルレアリスムは、人間という理性的動物の範囲を理性の彼方へと拡張することをつうじて、西欧近代型の社会へのラディカルな反抗の一形態となった。この種の反抗を共有しながら、もっと直接的に「狂気」とむかいあった芸術家がいた。フランスのジャン・デュビュッフェ(一九〇一―一八五)である。

といっても、ここでふれたいのは、第二次大戦後のパリでアンフォルメルの芸術運動に参加した画家としてのデュビュッフェ自身のことではなくて、彼が戦後まもなくその存在を発見して「アール・ブリュット」と名づけた「狂人」たちの芸術のことだ。デュビュッフェは、スイスのローザンヌで施設に収容されている精神障害者が描いた絵と出会い、彼らの芸術活動のうちに「人間存在の深部で起こっていることの即時的で、直接的な投影」を実感する。彼は、「文化的芸術」つまりプロの画家たちが商品として生産する作品には見られない、ゆたかで新鮮な創造性をそこに見出したのだった（引用はリュシエンヌ・ピエリ『アール・ブリュット』一九九七年、による。以下同じ）。

こうして、デュビュッフェは一九四八年パリで、批評家のジャン・ポーランやブルトンらシュルレアリストに呼びかけて「アール・ブリュット協会」を結成し、翌年最初の展覧会「文化的芸術に優先する生《なま／き》の芸術（アール・ブリュット）」を開く。「ブリュット」とは、フランス語で「プリミティフ（原始的）」「ソヴァージュ（野蛮）」などの同義語であり、文化や文明による加工を受ける以前の「生の」状態を指す。このときの展覧会にジャン・コクトーらスノッブな知識人とともに、文化人類学者のレヴィ＝ストロースがやって来たことは興味深い。というのも、「ブリュット」は加熱しない生《なま》の状態を意味する「クリュ」の同義語でもあって、のちにレヴィ＝ストロースは一九六四年の著作「生ものと加熱したもの」で自然状態から文化段階への人間社会の移行を論じることになるからだ。

そうした未加工の精神状態が文明の内部に見つかるとしたら、「芸術的教養に傷めつけられていない人びと」つまり「狂人」たちのそれ以外にはおそらくあり得ない。それは「彼らがすべてのものを自分自身の奥底から引き出す」からであり、「彼らの作品には模倣がほとんどない」と、デュビュッフェは指摘している。

彼の言葉の的確さは、たとえばスイス人アドルフ・ヴェルフリ（一八六四―一九三〇）の実例からよく理解されるだろう。ヴェルフリは少年期に両親を失い、農家の下僕、木こり、人足などをして暮らしていたが、二五歳のときに幼女に暴行して逮捕され、二年間刑務所送りとなる。出所後犯行を重ねたために精神鑑定の結果精神分裂病（統合失調症）の診断を受け、一八九九年にベルン近郊の精神病院に収容されて、その後三一年をこの施設で過ごし、六六年の生涯を終えた。

そんな「犯罪者」で「狂人」の男が、入院直後から治療法としてデッサンを提案されたことをきっかけとして、絵画、作文、作曲などの「文化活動」に没頭するようになる。彼はまったく架空の世界の中で宇宙の果てまで旅して「聖アドルフ巨大王国」を築きあげ、一冊の本も読まずに、自分の記憶だけを頼りに全二万五〇〇〇ページ、挿絵三二〇〇枚におよぶ壮大な空想物語を完成させたのだった。

もちろん、精神障害者たちの芸術活動について注目したのはデュビュッフェが最初ではない。精神医学の領域では、すでに一九二二年にドイツのハンス・プリンツホルンが記念碑的論文「精神病患者の絵画活動」を発表していた。しかし、この種の研究は「狂人」を医学上の対象とみなしたものでしかなく、彼らの絵や彫刻を「健常者」のそれと同等な芸術作品と位置づけたわけではなかった。プリンツホルンは、彼の論文の序論で、当時「狂人の芸術」に関心が高まっていたことへの不満をあらわにし、「われわれがとりあつかう制作物は〔…〕価値判断の素材となり得るものではなく、心理学的見地から検討されるべきものである」と断言している（一九八四年のフランス語訳による）。

こうした偏見はナチにも共有された。一九三七年にミュンヘンで開催された「頽廃芸術展」では、パウル・クレーの作品がプリンツホルン博士の病院の患者たちが描いた絵とならんで展示された。そして、ディックス、キルヒナー、カンディンスキーら、表現主義や抽象主義などの多くの作品とともに「狂気と厚顔無恥と無能の失敗作」（第三帝国美術院総裁ツィーグラーの言葉）として断罪されたのだった。

国は異なるが、そんな時代を生き抜いてきたデュビュッフェの先駆者としての努力には、心を打たれるものがある。それは「狂気の復権」のレヴェルを越えて、「アール・ブリュット」を現代芸術の不可欠の構成部分として位置づける試みだった。このことは、ブルトンが『シュルレアリスム宣言』の冒頭で強調した「同時に複数の生を生きる見とおし」を想起させるかもしれない。というのも、「アール・ブリュット」こそは、現代文明の内部でこの「見とおし」が可能となる数すくない場面のひとつだからである。

†「私」という「嘘」

シャルコー「火曜講義」の歩行自動症の男からシュルレアリスムの自動記述をへてアール・ブリュットへといたるまで、「無意識」への関心は、一世紀近くかけて展開してきた。

この事実は、「人間」という理性的な生き物の意識の奥底につきまとう影の世界が、とほうもない大きさであることを私たちに教えてくれる。博識と諧謔で西欧近代の見直しを企てた特異な批評家、花田清輝（一九〇九—七四）の言葉を借りれば、この「内部の世界には、なお幾多の前人未踏の領域があり、かつての外部世界と同様、茫々たる砂漠、雪をかぶった高山、荒れくるう大洋が、いつかわれわれの探検の手ののびるのを待っている」（『アヴァンギャルド芸術』一九五四年）のである。シャルコーもフロイトもブルトンも、もちろんヴェルフリも、みな無意識の世界の大胆な探検者たちだったと言えるだろう。

花田はいま引用したテクストの表題を「鏡の国の風景」と名づけた。これは、月の裏側のように日常的な視覚にはけっして入らない無意識の領域が、人びとが「現実」と呼ぶ表側の世界を反映する鏡となっている可能性を暗示している。たとえば、誰かが「私の妻」と言うつもりで思わず「私の母」と言ってしまったとしよう。この事実には、母親への無意識の欲望がひそんでおり、本人もまったく気づかないうちにそれが映し出されたのかもしれない。まるで、そこにマティスの「青い窓」＝「裏箔のない鏡」があるかのように。

そして、無意識という鏡が暴きだした最大の「嘘」のひとつが、じつは「私」そのものだったことを、あの探検者たちはあきらかにしてきたのではなかったろうか。なぜなら、夢であれ、失策行為であれ、狂気であれ、無意識の世界の住人である「私」とは、意識的な自己がその行為の責任の主体であることを否認する、いわば他者としての「私」なのであり、現実の「私」はそんな不吉な分身をまるで無視してふるまっているからである。ところが、こうして抑圧された分身があるとき突然反抗を開始すると、鏡には社会的に認知された存在とは異質な「私」の意外な顔が映し出される。だから、不可解な犯罪の犯人は、ほとんどいつでも「そんなことをするとは信じられない、おとなしそうな、いい人」たちなのだ。したがって、無意識の、満たされない欲望(社会の現実が無意識の衝動の排除によって成立している以上、けっして充足されない欲望)が何らかのかたちをとって突出する場合、そこではいつも「私」という「嘘」が暴露されることになってしまう。

話を文化と芸術のほうにもどして、二〇世紀アヴァンギャルド諸派の試みを数行で復習しておこう。彼らはみな表現者としての「私」への懐疑と反抗から出発していたのだった。だからこそ、未来派が機械と速度によって「私を破壊せよ」と主張し、ダダが無意味と偶然をつうじて「私=非・私」という等式を発明したように、シュルレアリスムは、書く=描く主体としての「私」を「私」とは別の何ものかで置き換えることを提案したのである。そして、彼らにとって、それが「無意識」であったことはすでに見たとおりだ。ブルトンが『ナジャ』(一九二八年)の最初の一行に書いたとおり、「私とは誰か」という問いは「私は誰を追っているのか」という、もうひとつの問いによってしか答えようのないものだった。現実の「私」が追っているのは、「私」さえ知らない「無意識の私」以外ではありえなかったのだから。

†機械的な「私」へ

ところで、精神医学の「自動症」にせよ、シュルレアリスムの「自動記述」にせよ、「無意識」の表出が「自動的＝オートマティック」という形容詞とともに表現されてきたことには重要な意味がふくまれている。なぜなら、ここで「自動的」とは「人間的」の反意語として用いられているからである。つまり、「人間的」という表現が「意思、判断力、自由な判断力」（ジャネ『心理的自動症』、前出）といった精神活動の属性を指すとすれば、そうした精神の働きが関与しない「自動的活動」は「非人間的」であることになってしまうのだ。

誰かの行動がオートマティックになされるというとき、そのひとはもはや自分の意思によって行動するのではなく、自分以外の何か＝誰かの命令を忠実に実行する機械にすぎない。この点で、「自動的」とは「機械的」の同義語であって、じっさいブルトン自身も「自動記述」を「機械的」記述と呼んだことがあった（一九三三年のテクスト「自動記述的メッセージ」には「「自動的」、あるいはもっと的確に言えば〔…〕「機械的」または「無意識的」〔…〕記述」とある）。

この「機械的」という方向にむかえば、「無意識」は抑圧された「私」を映す鏡とは別の風景のほうに人びとを連れてゆくだろう。それは、ひとりひとりが本来はかけがえのないオリジナルであるはずの人間たちが、意思も個性も失って大量に複製されるコピーとなってしまう、悪夢のような光景だったのである。

終　章

幼年期の終わりを越えて

先史時代の岩面彫刻（ニューメキシコ）

†ローマの中国人——主体から客体へ

西暦二〇〇〇年春のある晴れた午後、ローマの街角で私は不思議な光景を目撃していた。キリスト生誕二〇〇〇年を祝って世界中から熱心な信者たちが続々と集まってきたせいか、ヨーロッパの古都がお祭り気分一色に塗りつくされはじめた頃のことだ。教皇ヨハネ・パウロ二世が諸宗教との和解を求める旅から帰国した直後で、前日、ヴァチカンの大聖堂には、台車の上から手を振る教皇の曲がった背中と穏やかな中にも鋭さを秘めたまなざしを一目見ようと、大群衆が押し寄せたばかりだった。そんな雰囲気に水を差すかのように、スペイン広場とコルソ通りを結ぶコンドッティ通りを、赤旗や横断幕を掲げたデモ隊の一群が行進していたのである。

それだけなら、労働運動の輝かしい歴史が刻まれたこの都市ではとくに話題にすることもない、ありふれた風景でしかなかったはずだが、極東からの旅人である私をすこしばかり驚かせたのは、四、五〇人ほどのデモ隊の男女がすべて私とおなじ髪の黒い東洋人だったことだ。髪の色よりはずっと多彩な衣服に身をつつんだ彼らが微笑みながら手渡してくれたビラには、もちろんイタリア語で「われわれ中国人労働者は、いまや奴隷状態に置かれている!」と書いてあったから、ローマで働く若い中国人たちが待遇改善を要求して組織したささやかな示威行動だと知れるには、たいして時間はかからなかった。赤と黒の隊列は、日本人ツーリストにすっかりおなじみの高級ブティックが立ち並ぶ街並みのいぶかしげな視線を楽しげに反射しながら、にぎやかに遠ざかっていった。

　不思議な光景、と思わず書いてしまったが、ローマの中国人たちの小さなデモ隊がいったいなぜ私を動揺させたのだろうか。たとえば「労働者の権利」という西欧近代を起源とする普遍的発想が、資本主義的生産様式の世界化とともに洋の東西を問わず各国で共有されるようになってからすでに多くの時間が経過したことを想起すれば、それはすこしも「不思議な」出来事ではなかったはずだ。とはいえ、私たち（ここでは、アジアで最初に近代化＝西欧化をなしとげた「日本人」のことだが）はなかば無意識のうちに、この種の「普遍」をヨーロッパという「特殊」と一体化してきたのではなかっただろうか。私自身、彼らとおなじアジア人でありながら、心のどこかにヨーロッパへの共感を維持していたにちがいない。ローマという特殊な場所であっても、中国人という西欧世界とは異質な他者たちが普遍性を高らかに主張すること自体は、いわば当然の行為だ。ところが、そんなあたりまえの場面をつうじて、近代化＝西欧化という思いこみが押しつけてきた「特殊」を「普遍」と読み換える近代のパラドックスにあらためて気づかされた私は、みずからの他者性をいまさらのように実感させられて、思わず虚をつかれたのだった。

　考えてみれば、「人間はなぜ非人間的になれるのか」という問い自体が、この逆説から出発していたと言ってよいだろう。西欧近代がつくりあげた「人間」という「普遍」と、それを支えてきた「個」や「理性」や「文明」といったアイディアが、近代社会そのものの自己展開をつうじて、それらの反対物である「全体」や「無意味」や「無意識」や「未開」への関心に転化してゆく過程で、「非人間的なもの」という「特殊」がしだいに人びとを誘惑するようになることを、私たちはすでに見てきた。したがって、普遍性の表現としての「人間性」を追求する過程で、かえって「非人間性」のもろもろの表象が出現したという二〇世紀文化の逆説は、じつは西欧近代という「特殊性」に「普遍性」としての位置をあたえてきたもうひとつのパラドックスから、いわば必然的に生じた出来事だったことになりはしないだろうか。

†無限の自己増殖

こんな問いかけは、「中国人」にまつわるもうひとつの記憶を私によみがえらせた。すでに度々言及してきたシュルレアリスムの作品『ナジャ』の冒頭に登場する、ちょっとしたエピソードである。よく知られているように、このテクストは一九二六年一〇月四日午後、作者自身である「私」がパリの街角で「ロシア語の希望（ナジェージダ）の最初の半分」である「ナジャ」と名乗る若い女性と偶然出会って一週間ほど行動をともにした体験と、「ナジャ」の発狂をめぐるその後の展開を「写真と医師の所見（の文体）」という反文学的要請」（ブルトンの言葉、すでに見たように彼は医学生だった）をつうじて描き出したものだ。そこに挿入された数十枚の写真と主観を交えない表現の連続は、「文学」を自意識という密室から解放する二〇世紀最初の試みのひとつだったと言ってよい。

『ナジャ』の最初の数十ページは、物語の開始に先立つ数年間に起こった「一ダースほどのエピソード」の記述で占められているが、その中に「中国人」が出てくる箇所がある。それは、「私」がパリのサンドニ門近くで見た映画の「八番目〔正しくは一五番目〕で最後のエピソード」の場面で、「ひとりの中国人があやしげな自己増殖の方法を見つけて、一人だけで、といってもじつは数百万の彼自身だけで、ニューヨークに侵入する」というものだ。この中国人は「あとからあとから続々とやって来る彼自身をしたがえて、ウィルソン大統領の執務室に入ってゆき、大統領は〔驚いて〕鼻眼鏡を外す」のである。

フランス語で「蛸の抱擁」と題されたこの映画は、一九一九年のアメリカ映画『ザ・トレイル・オブ・ジ・オクトパス〔蛸の這い跡〕』（デューク・ボーン監督）のことで、フランスでは一九二一年に公開された。題名から想像されるように、ある秘密組織が危険な陰謀をたくらみ、まるで巨大な蛸のようにアメリカ社会をしめあげて、ついには大統領さえ支配しようとするというストーリーである。

シュルレアリスムとのかかわりはさておき、一個の個体から無限に自己増殖する「中国人」のイメージは、私たちにいわば究極の「非人間的なもの」を指示する。「複製」としての人間である。ヒトという生きものが「人間的」であるのは、ひとりひとりが、自分以外の誰によっても取り替えられないオリジナルな存在であるからにほかならない。自己という意識と個性と意思が生じる場所である「私」は、「私」以外の誰のコピーでもないからこそ、市民社会の一員としてもろもろの権利と義務の主体であり得たのだった。このことは、あるヒトが遺伝的には親のＤＮＡの複製であるという事実とは、もちろん異質な次元の問題である。

けれども、今世紀の社会と文化を特徴づける「非人間的なもの」へのシフトは、オリジナルな「私」をかぎりなく不安定な場面に連れ出すことになる。大衆社会の出現と機械文明の発展は、「私」という主体から意思と個性をはぎとり、他の無数の個人と選ぶところのない客体に変えてしまうのだ。この意味で、こうした傾向が強調されようとしていた一九世紀末のフランス社会で、ジョルジュ・スーラやポール・シニャックらの若い画家たちが色彩を光の三原色の微小な点の集合として表現する点描画法を提案し、実践したことは興味深い。なぜなら、そこではあらゆる表象が同じ大きさの「点」によって構成されているのであり、こうして描かれる世界にはオリジナルなフォルムや色彩はもはや存在せず、すべてはミクロのドットの無限の反復によって構成されているからである。

スーラが色彩に関する科学理論を学んでいたことやアナーキズムの政治思想に心惹かれていたことは、画家の発想がせまい意味での美術の領域を越えた社会的ひろがりをもっていたという事実をあきらかにしてくれる。だがそれ以上に、このような事態からは、当時すでにオリジナルな「私」が無数の「点」のひとつへと解消されようとしていたという現実を読みとることができる。こうして、「点」と化した「私」が意志も個性も失った存在となることは、あのル・ボンが一八九五年に予想したとおりだ。

すでに第1章（一一〇ページ）で見たように、『群衆の心理学』の著者は「群衆中の個人はもはや彼自身ではなく、自己の意志をもって自己を導く力を失った一個の自動人形となる」ことを指摘していた。

意志をもたない自動人形としての人間、これはもう複製そのものではないだろうか。ところが、主体から客体へ、オリジナルから複製への人間のイメージの変換が、ほかならぬ西欧近代社会の自己展開から生じたものだ。にもかかわらず、映画『蛸の抱擁』が示すように、欧米の大衆文化の中でこの種のクローン的で無個性な複製の役割を引き受けさせられてきたのは、じつは「中国人」という他者たち（「日本人」でもかまいはしない）だったのである。

この事実は、ヨーロッパという特殊を普遍と読み換えることで、結果的には「人間」という普遍から「非人間」という特殊へのシフトがもたらされたという西欧近代の、あの二重の逆説を反映していると言ってよいだろう。そんなパラドックスを吹き飛ばすかのように、二〇世紀最後の年にローマの街頭を行進していた中国人たちは、もはや複製でも自動人形でもありはしなかったのだから。

†アウラの消滅――ベンヤミンの複製芸術論

話が先まわりしすぎたかもしれないが、二〇世紀文化の領域で複製が決定的な力をもつようになるのは、もちろん、「人間」の複製というよりはまず「モノ」の複製の段階でのことだ。ここではやはり、序章ではスキップしたヴァルター・ベンヤミンの『複製技術時代の芸術作品』（一九三六年）を復習しておく必要があるだろう（以下の引用は高木久雄・高原宏平訳により、一部改変）。

人間がつくったモノはたえず人間によって模造されてきたから、芸術作品は「原理的にはつねに複製可能だった」と述べたうえで、ベンヤミンは機械による「技術的複製」（フランス語版では「機械による複製」）の出現によってオリジナルと複製の関係が劇的に変化することを強調する。「一九〇〇年を境にしてひとつの水準に達した」複製技術によってつくられる技術的複製は「オリジナルにたいして手工業的複製の場合よりも、あきらかにより高度の独立性をもっている」からだ。つまり、それ以前の複製がオリジナル（「ほんもの」）より質的に劣ったコピー（「にせもの＝まがいもの」）であって、「いま、ここ」にしかないオリジナルに従属していたのにたいして、技術的複製は人間の手によってではなく機械によって製作される以上、原理的にはオリジナルの質に限りなく接近することができるのである。

そればかりか、技術的複製は「オリジナルではとうてい考えられない状況」の中で存在することも可能だ。たとえば、サイズや場所を自在に変化させることによって、「大伽藍もそれがそびえている場所から移され、芸術愛好家のアトリエで鑑賞される」し、「ホールや戸外で演奏されたコーラスを部屋の中で聞くこともできる」のであって、オリジナルの「いま、ここ」にしかないという性格は「完全に骨抜きにされてしまう」。さらに、この種の複製は歴史性から解放されているので〔古くなればつくり直せる〕、オリジナルのもつ「歴史的証言力」がおびやかされ、それにつれてオリジナルの「権威そのものがゆらぎはじめる」。こうして、ベンヤミンはよく知られたつぎの言葉を残すことになる。

「ここで失われたものをアウラという概念でとらえ、複製技術の進んだ時代の中で滅びてゆくものは〔オリジナル〕作品のもつアウラである、と言い換えてもよい。このプロセスこそ、まさしく現代の特徴なのだ。」

この箇所が「アウラの消滅」という現代文化のきわだった性格を指摘した、歴史的場面であることは言うまでもない。「アウラ」という本来は自然や人物の雰囲気をあらわすラテン語の独特の使用について、ベンヤミンは一九三一年の『写真小史』でこう述べていた

――「アウラとは何か？　空間と時間が織りなす、ひとつの特殊な織物であり、どんなに

近くてもなおかつ遠い、一回かぎりの現象である」(田窪清秀・野村修訳)。

芸術作品でも風景でも、あるいは誰かとの出会いでもよい。「いま」という時間と「ここ」という空間の交点でしかありえない一度かぎりの体験が私たちにもたらす感覚、それは対象との現実の距離感を越えた神秘的な感覚であり、一回性という限定をともなってオリジナルなものから発するアウラはここから生じるだろう。逆に言えば、一度かぎりと信じた出会いでも、それが反復されてしまえば、アウラは消えてしまう。だから、たとえばブルトンとナジャとの遭遇は「一九二六年一〇月四日夕刻、パリのラファイエット通り」でしか起こらなかったのだし、もし彼が彼女の誘いを無視してそのまま歩き続け、第二、第三……の「ナジャ」が微笑みながら続々と姿を現したとすれば、物語はまったく別の方向にむかい、あの「自己増殖する中国人」のストーリーに変貌していただろう（それも面白い設定ではあるが）。

こうして見ると、ベンヤミンの複製芸術論が、機械による技術的複製の時代の到来を高揚感をもって描写しながら、じつはオリジナルの「魅惑」へのノスタルジックな思いを色濃く残していたことがわかってくる。それはおそらく、二〇世紀がまだアウシュヴィッツも広島・長崎も、そしてその後の「平和と繁栄」が生み出した高度消費社会も知らなかった時代の限界だったのだろう。けれども、彼が一九四〇年に、亡命中のパリからアメリカへの脱出を企てて、フランスとスペインの国境を越えられずに悲劇的な自死をとげてから現在にいたる半世紀以上の時間は、複製のアイディアとイメージを決定的に変貌させてしまう。この新たな段階の複製文化を論じてきたのが、フランスのジャン・ボードリヤール（一九二九―二〇〇七）である。

†現実の消滅――ボードリヤールのシミュラークル論

ボードリヤールは、『消費社会の神話と構造』（一九七〇年）で、現代社会のもっとも基本的な現象のひとつである「消費」を「欲求の充足」ではなくて「差異の表示」を目的とする行動として、記号論的視点から分析した。その後アンディ・ウォーホルやマドンナからヴァーチャル・リアリティにいたる現代文化の展開に独自のまなざしをむけ、またみずから写真家としてヴェネツィア・ビエンナーレに参加するなど多彩な活動を続けているが、ベンヤミンのテクストの射程を越える新たな複製文化論が最初に企てられた著作は『象徴交換と死』（一九七六年）だった。

「複製＝リプロダクション」という「再生産」の意をもつ用語が、オリジナル対コピーという二項対立を前提とした生産中心主義的段階の発想から生じているために、その後の段階に対応しにくくなっていることから、ボードリヤールは「シミュラークル／シミュレーション」という、目の前の現実と置き換え可能な「疑似現実／疑似現実化」を表示する用語を採用する。つまり、「複製」が現実＝オリジナルを記号化する操作であることを指摘したうえで、彼はルネッサンス以降の西欧世界に「シミュラークルの三つの次元」があいついで出現したと述べるのである。

――「模造」はルネッサンスから産業革命までの「古典的」時代の支配的図式である。

――「生産」は産業革命時代の支配的図式である。

――「シミュレーション」はコードによって管理される現段階の支配的図式である。

第一の次元のシミュラークルは自然的価値法則に、第二の次元は商品の価値法則に、第三の次元は構造的価値法則に、それぞれ対応している。(『象徴交換と死』)

「模造」は、ベンヤミンが「手工業的複製」と呼んだものに対応している。つまり、カースト社会や古代社会のような「残酷な社会」では記号の数は限定されていて、全員にゆきわたることはなかったが、ルネッサンス期とともに「解放された記号の支配」がはじまると、「かつては地位の秩序の象徴であった記号の同一階級内だけでの流通に、競争的民主主義がとってかわる」。こうして、「模造」の時代がはじまり、新興市民階級は服の前につける見かけだけのチョッキから漆喰の天使の像にいたるまで、できるだけ「オリジナル」に似せた(自然らしい)「にせもの」の生産に熱中する。

やがて産業革命とともに出現する「記号とモノの新しい世代」は、もはや「模造」である必要はない。「模造」が必要としていた（オリジナルという）起源や特異性との結びつきは不用となり、技術のみを起源として機械によって大量生産される記号の時代が開始されるのである。この段階では「n個の同一のモノ」が商品の価値法則にしたがって大量生産される可能性だけが問題なのであり、「これらのモノ同士の関係は、もはやオリジナルとその模造品の関係〔…〕ではなく、等価性つまり差異の消滅を意味している。大量生産されるモノは、たがいに相手を規定しようのない無限のシミュラークルとなる」（この段階の本質的意味を解明しようとした最初の試みがベンヤミンの複製芸術論だったと、ボードリヤールは言う）。

こうして、オリジナルという準拠枠が消滅すると、大量生産はモデルの時代にとってかわられる。「あらゆる形態は、それらがもはやただ機械的に複製されるのではなく、複製可能であるという認識にもとづいて考案されるようになった瞬間から、まったく変化してしまう。〔…〕モデルと呼ばれる増殖の中核を起点として、方向転換がおこなわれ、このときわれわれは第三の次元のシミュラークルの時代に入る。第一の次元の模造も、第二の次元の大量生産ももはや存在せず、あらゆる形態を差異の変調にしたがって生み出すモデルが登場する」わけである。

要するに、第三の次元で重要なのは、複製が大量生産されることではなく、微妙な差異の変調を指示するコードによってすべてのモノが発想され、記号化されるという事態である。機械からコンピューターへの、アナログからディジタルへの移行と言ってもよいこの変化は、等価交換にもとづく商品の価値法則を越えて、コードによるシミュラークルの創造をもたらす構造的価値法則を始動させている、というのがボードリヤールの主張であり、「生産の全領域は、いまやオペレーショナルなシミュレーションの中でゆれうごいている」と彼は結論するのだ。

ここまで来れば、オリジナルとコピーの対立はとっくに消え去り、「アウラの消滅」というロマンティックな感傷もはるか後方に遠ざかって、世界の記号化の操作の完了とともに、私たちはすでに「現実の消滅」の段階をむかえようとしているのかもしれない。

†幼年期の終わり

「現実の消滅」とは、この場合、世界と人間が「いま、ここ」にしかないという一回性を失って、「いつでも、どこでも」反復可能な記号と化してしまった状況のことだ。いまや、私たちはいながらにして地球上のどんな場所とでも瞬時にコミュニケーションをもつことが可能だし、ティラノザウルスからレディ・ダイアナまで、あらゆる死者たちのイメージをくりかえし呼び出すこともできる。「ゴースト」や「シックス・センス」などのハリウッド映画や、敵に倒された主人公がそのスペアによってすぐに生き返るTVゲームは、死が永遠の別れではなく、生死の境界が行き来自由なゾーンになってしまったような幻覚をあたえてくれる。ひょっとしたら、それはもう幻覚でさえないのかもしれない。

かつて、「現実」は欠如におおわれていたから、人びとは貧しく、世界は血と汗と涙にまみれていた。ところが現在、つまり大戦争と大革命と反革命の時代が（すくなくとも見かけ上は）終わりを告げた後で、高度消費社会の住人は果てしないゆたかさを謳歌している。彼らにとって、チャイルド・シートから葬儀のスタイルまで、人生のあらゆる場面は商品カタログから選択する行為でしかなくなってしまった。そしていまや、「現実」は過剰にみちあふれている。もちろん、あの汗くさい現実ではなくて、清潔で陰影のない記号としてたえず再生産される「現実」だ。ボードリヤールが『完全犯罪』（一九九五年）で述べたように、「現実の欠如ならユートピアや想像力で埋め合わせられたが、現実の過剰の場合には、埋め合わせも、それに代わる選択肢もありはしない。否定も乗り越えももはや不可能だ。というのも、われわれは否定と乗り越えの向こう側に移行してしまった」からである。

このような情景は、アーサー・C・クラークが半世紀も前に発表したSF『幼年期の終わり』（一九五三年）を思わせるものだ。近未来のある日、人類がはじめて有人宇宙船を打ち上げようとするところから、この物語ははじまる。気がつくと上空には巨大なUFOが飛来し、地球人をはるかにしのぐ高度の知性と技術をもつエイリアンが、人間による最初の宇宙飛行を中止させるのだ。「人類はもはや孤独ではない」と、人びとは感激するが、じつはこの日からエイリアンによる地球の支配がはじまり、彼らはエイリアンを「上空の主人（オーヴァー・ロード）」と呼ぶようになる。というのも、エイリアンは地上のあらゆる行為を監視していて、戦闘や紛争が起こりそうだと、ただちにUFOが飛んできて強力な光線を発射し、いさかいをやめさせてしまうのである。こうして、人類がオーヴァー・ロードに完全にコントロールされるようになると、太陽系第三惑星には恒久的な平和が訪れ、その結果、人びとはかつてないほどの物質的繁栄を享受することになる。

「人類は平和と繁栄という、長い、雲ひとつない夏の午後の日差しを楽しみ続けていた。また冬がやって来たりするのだろうか。そんなことは考えられなかった。二世紀半前に、フランス革命の指導者たちが早まってむかえいれようとした理性の時代が、いまこそ本当に到来したのだ。今度こそまちがいはなかった。」

ところが、そんな「理性」の時代が数十年も続くと、思いがけないことが起こる。新しい文化や芸術が何ひとつ生まれなくなってしまったのだ。「あらゆる種類の対立や抗争の終わりはまた、創造的芸術の潜在的な終わりを意味していた。アマチュアやプロのパフォーマーたちは無数に存在していたが、そこには一世代の間長続きのするような真に傑出した文学、音楽、あるいは彫刻の新しい作品はひとつも出現していなかった。世界はあいかわらず、けっして戻ることのない過去の栄光を糧にして生きていたのだった」。

まるで、二〇世紀末の文化状況を予言したような言葉だが、それはさておき、こうして近未来の人類はオーヴァー・ロードに管理され、地球全体が「居心地のよい遊び場（プレイグラウンド）」と化してしまう。けれども、彼らにはひとつだけ禁じられたことがあった。地球の外に出ることである。ストーリーの展開はここで一気にワープするが、やがてオーヴァー・ロードのおそるべき目的があきらかになる。エイリアンは彼らの主人である「上方の精神（オーヴァー・マインド）」の命を受けて人類を地球に閉じこめて飼育し、「主体性」「判断力」「批判力」等々の高度な精神の働きを失わせて、次世代の人類を人間性をもたない生き物に変質させるために、地球にやって来たのだった。

最初の計画どおり、オーヴァー・ロードの到着からちょうど一世紀が過ぎた頃から、子どもたちにあきらかな変化が生じた。「彼らは何か、複雑な儀礼の舞踏をくりかえす未開人のように見えた。〔…〕みな五歳か一五歳までの年齢のようだったが、いっせいにおなじ速度と正確さで動きまわっていた。そして、誰もが周囲にはまったく無関心だった」。「死人の顔よりなお空虚な」、「彼らにくらべればオーヴァー・ロードのほうがまだ人間らしい」とクラークが形容する「新人類」たちは、こうしてしだいにその数を増してゆき、旧人類の最後の世代が死滅するとき、「人間らしい」人間たちの世界もまた消滅するだろうことを読者に予感させながら、物語は閉じられる。「幼年期の終わり」は「「人間」の終わり」に接続していたというわけだ。

†プレイグラウンドからの脱出

この、あまりにもペシミスティックな結末に共感する必要はない。だが、不可知の存在によって現実から欠如が追放され、過剰なゆたかさを生きることになった人類が「人間らしさ」を失い、「理性」の完全な支配が文化と芸術から新たな創造の可能性を奪いとるというクラークのシナリオは、「人間はなぜ非人間的になれるのか」という最初の問いかけに私たちを連れもどす。

個体発生は系統発生を反復するという、一九世紀ドイツの生物学者ヘッケルの説を逆向きに読み換えるなら、西欧近代という「子どもたち」は「理性」と「主体」の場所としての「人間」を普遍化し、みずからがオーヴァーロードを装って「歴史」や「国家」や「労働」などの大きな物語を構築することで、人類の幼年期を終わらせようとしたと言うことができる。

しかし、これまで私たちがたどってきたように、その後姿を現した二〇世紀の「子どもたち」は、「非人間的なもの」をさまざまな場面で展開させてしまい、その前提となったテクノロジーの驚異的な発展の力を借りて、幼年期の終わりをかえって長引かせてしまったのではなかっただろうか。かつてのオーヴァーロードたちの大きな物語のうちでも、とりわけ「人間らしさ」という物語がもはや何も映さない空虚な鏡にすぎないことは、アウシュヴィッツと広島・長崎の体験ですでに暴露されてしまった。それから半世紀以上の時間が過ぎて、人びとが実現されたユートピアとしての現実という「雲ひとつない夏の午後」に飽き飽きしはじめているとすれば、冬がやって来る前に「幼年期の終わり」を越えて、「居心地のよいプレイグラウンド」から抜け出す機会は「いま、ここ」にしかない、はずである。

アフタートーク

メディア

現実とイメージの逆転

†9・11と「現実」のゆくえ

「人間はなぜ非人間的になれるのか？」という率直で、本質的な問いを導きの糸として、二〇世紀を読み解く私たちの試みの末尾に、二一世紀の最初の一〇年が過ぎた時点からのアフタートークを追加しておこう。

本書では、近代市民社会を輝かしく立ち上げたはずの理性的主体としての「人間」が「非人間化」していく過程を、「全体」「無意味」「未開」「無意識」など、二〇世紀思想史の特徴的な場面に焦点をあてて考察してきた。そして、ちょうど二一世紀が始まった年、二〇〇一年に、この問いに関わる歴史的な事件が起こった。もちろん、九月一一日の出来事だ。

ニューヨーク、マンハッタン島、世界貿易センター（WTC）の超高層ツインタワーにハイジャックされた二機の旅客機が激突し、そのショックで二つの巨大な塔が崩落するという、人類の歴史に前例のないこの出来事は、イスラム系過激派による反米国際テロという政治的意味作用とは別に、先にあげた思想史の展開に新たなヴァージョンをつけ加えることになった。「メディアによる現実のフィクション化」という場面だ。というのも、あの日、現実に起こった事件は予期せぬ出来事であると同時に、あまりにも「物語（フィクション）」的であり、そのショッキングなイメージが巨大メディアをつうじて記号化され、反復されるうちに、現実とフィクションの関係が逆転して、現実が、こういってよければ「仮想現実」としての性格を帯びた「リアルな」イメージとして、地球規模で流通してしまったのである。

それから一〇年ほどの時間が過ぎて、私たちの前には、事件とその後の展開をめぐってメディアを駆け抜けた数多くのイメージや言説が山積みされてきた。それらをつうじて9・11は、タイタニック号の遭難（一九一二年）やパールハーバー（日本軍のハワイ真珠湾奇襲攻撃、一九四一年）のような歴史的場面のひとつとなり、一〇年前のあの衝撃はすでにストーリー化され、歴史のひとコマとして回収されてしまったかのようだ。たとえば、私たちは、思いつめたテロリストたちの生い立ちや当日の行動からマンハッタンの消防士たちの英雄的な活躍まで（後者はすでにハリウッド映画化された）、まるで出来事の細部に立ち会っていたかのような幻覚を抱きかねないのだが、私たちが出会ったのは結局解説つきのテレビ番組のイメージにすぎず、あれほどの大事件でありながら（一九六三年一一月二二日のJFK暗殺の時もそうだったが）公表された「事実」をいくら集めてみても、9・11の「真実」にはたどりつけそうにない。

事件の数年前にアラブ世界からやって来て、飛行機の操縦法まで習得したテロリストたちの、ほんとうのメッセージはいったい何だったのか。当日は貧弱な武器しか持たなかったらしい彼らに、なぜ四機もの旅客機が同時に乗っ取られたのか（マンハッタンで二機、ワシントンDCで一機がテロを実行、残る一機は乗客の抵抗を受けピッツバーグ付近に墜落）、テロの報復としての大規模なアフガニスタン空爆とイラク戦争のあと、国際テロ組織アル・カイダやタリバンの「戦略」はどうなったのか（ビン・ラディンは二〇一一年五月米軍特殊部隊によって殺害された）。さらに、9・11の情報を事前に得ていたらしい超大国の指導部は、その実行をなぜ本気で阻止しなかったのか。こうした数々の疑問は、いまなお解き明かされていないどころか、真相解明のための制度的な努力さえ、すでに閉じられてしまっているとも思えるほどだ。

ところで「仮想現実」といっても、先端技術が開発したコンピューター・プログラムとしてのヴァーチャル・リアリティの次元の話ではない。その場合には、元の現実はひとまず維持されるので、仮想現実によって「現実」が二重化するわけだが（現実の「私」は死んでも、PCゲームの「私」は死なない）、メディアをつうじて私たちが「この目で見た」錯覚に陥った感がある9・11の「現実」は、体験的で直接的な現実の次元ではなく、ハリウッドのパニック映画をはるかにしのぐ超弩級大作の映像として、人びとの集合的記憶にしっかりと保存されたのだ。現在、私たちは9・11に関して、メディアが配信したイメージ以外の「現実」を、もはや思い描くことができないだろう。

†『チボー家の人々』と「人間的な」現実

こうした状況が、なぜ人間の「非人間化」につながるのだろうか。

唐突のようだが、ここで想い起こされるのは、二〇世紀フランスの作家ロジェ・マルタン＝デュ＝ガール（一八八一―一九五八）の長編ロマン『チボー家の人々』（一九二二―一九四〇）である。とりわけ、第一次世界大戦開戦前後の状況が描かれた第四巻「一九一四年夏」（一九三六）のことだ（以下の引用は山内義雄訳、白水社版により、一部表記と表現を改変、〔 〕内は筆者の補足）。半世紀ほど前までは、日本でもよく読まれた名作だが（この巻で作者は一九三七年ノーベル文学賞受賞）、必要な範囲で、あらすじをごく簡単に紹介しておこう。

物語は、フランスのブルジョワ家庭「チボー家」に育ったアントワーヌとジャックの兄弟が、二〇世紀初頭から第一次大戦中にかけてたどる人生の波乱に満ちた展開によって構成されている。兄のアントワーヌは冷静で実行力のある医者で、弟のジャックは知的だが、新しい生き方を求めて家出を繰り返す反抗的ロマンチストだ。ジャックはエリート校エコール・ノルマルに合格するが父と意見が合わず、家出してスイスで国際社会主義運動の組織に加わる。やがて、一九一四年六月二八日、オーストリア皇太子がセルビアで暗殺され、ヨーロッパ戦争への動きが一気に加速すると、ジャックは仲間たちと反戦運動に献身するが、七月三一日、フランス社会主義運動の指導者で反戦主義者のジャン・ジョレスがパリで暗殺され、戦争を求める群衆心理には、もはや歯止めがかからなくなっていく。そして、七月二八日のオーストリアのセルビアへの宣戦布告を待っていたドイツは、全軍に総動員令を発令。こうした動きを受けて、フランスでも八月一日に総動員令が出される。その当日、主人公のジャックは、パリ、マドレーヌ広場近くの郵便局の前に出来た人だかりをかき分けて、扉に貼り出された告示を読む（「八月二日」となっているのは総動員発令翌日を第一日としているため）。

「やったな《サ・ィ・ェ》……やったな……」というささやきが聞かれていた。〔…〕小さな長方形の紙は、桃色の封じのりで四すみをガラスの上にはられ、そこには、非人格的で、たんねんな、女性の筆跡で、次の三行が書かれていた。〔…〕

総動員令発令／八月二日日曜日をもって／動員発令第一日とする。

〔…〕ジャックは、じっと身動きもせずにいた。彼もまた、ほかの人びととおなじように《やったな》と、思った。頭の中には、いろいろな考えが、おどろくほどの速さで、あとからあとから浮かんできた。何はともあれ、これほど平気でいられることが、自分自身にもふしぎだった。〔…〕だが、こうした不自然なくつろぎの感じも、わずか一瞬のことにすぎなかった。傷ついたものが最初それと気づかず、やがてとつぜん傷口がひらき、どっと出血を見たときのように、いまや鋭い疼痛が彼を襲った。」

9・11を世界中のメディアが伝えた、二機のボーイングが双子の塔に激突する光景がリアルタイムで存在した現実の反映像だったのに比べて、ここで描かれているのがその種の現実ではないことはいうまでもない。それは、作家が作り出したフィクションの世界で進行する、こういってよければ仮想現実であり、わずかに「小さな長方形の紙」に書かれた「非人格的で、たんねんな、女性の筆跡」の文字だけが、体験的な現実をおそらくそのまま（言葉で）後世に伝えているだけだ。けれども、9・11を配信したメディアのリアルなイメージには欠落している、もうひとつの「現実」がここには姿を現している。ジャックの内面の現実である。彼を襲った「鋭い疼痛」、それは反戦運動に青春をかけて打ちこんできた若者を深く傷つけた開戦という事実と、彼が社会の未来を託そうとした民衆の戦争を待ち望む意外な心情がもたらした痛みであり、疼痛自体は仮想的であっても、モノやそのイメージとは別の次元で、たしかな存在感を獲得している。

もちろん、ジャックの存在は虚構であり、すべてはマルタン＝デュ＝ガールが創作した物語の中の出来事にすぎない。『チボー家の人々』は一九二二年から三九年にかけて書き継がれた大河ロマンで、作家がこの箇所を書いたのは、開戦の原体験から二〇年以上もあとだったのだから、その現実描写が、9・11のリアルタイムの映像とは比較にならないほど精度が低いことは明らかだ。とはいえ、一九一四年夏を生きたパリの少数派の若者たちの引き裂かれるような胸の痛みにつながるこの「疼痛」は、けっして作家の幻想ではなかっただろう。9・11の現場の映像が「非人間的な」現実だったとすれば、それは、明らかに「人間的な」現実だった。彼は、さらにこう続ける。

「何週間というもの、彼〔ジャック〕は正義、人道の真理、愛の勝利について、何ら疑うことなく暮らしてきた。それは奇跡を待つ神がかりの人といったようにではなく、確実な実験の結果を待つ科学者のようにしてだった。それがいま、すべてが崩れ去っていこうとしている。」

正義、人道の真理、愛の勝利、それこそは、私たちがすでに見てきたように、市民革命と産業革命をつうじて西欧社会が確立した、あの「人間」という理念の特性そのものだった。これらの理念に疑いをもつことのない生き方に、マルタン＝デュ＝ガールは「確実な実験の結果」という理性的な表現をあたえた。そして、「戦争」、それも当時最先端の科学技術を総動員した近代戦争という前代未聞の狂気が始まる直前に、この種の確信が崩壊しようとしていたという「現実」を、『チボー家の人々』は、いまなお私たちに伝えている。ドイツがフランスに宣戦布告するのは、その二日後の八月三日のことだった。

ところで、おそらくあまり気づかれていないことだが、9・11とこの作品には奇妙な共通点がある。飛行機だ。主人公のジャックは、総動員発令後、同志の操縦する飛行機でドイツ国境のアルザス地方に飛んで、上空から反戦ビラを撒こうとする。しかし、飛行機が故障してビラを一枚も撒けずにフランス領内に墜落、重傷を負ったところをフランス軍に発見されるが、ドイツのスパイとまちがえられて同胞の兵士に射殺されてしまうのだ。ジャックの「人間的な」選択と9・11の実行犯たちの「非人間的な」選択は、どちらも「非人間的な」結果にたどりついたという意味では、数十年の時空を越えて奇妙に重なっているのだが、文学作品という仮想世界の出来事にすぎない、飛行機によるビラ撒きの失敗と主人公の死が、実際に起こってもおかしくないようなある種の現実感を読者にあたえるのに対して、現実世界のリアルな出来事である、ハイジャック機のツインタワーへの激突と塔の崩壊のほうが、メディアをつうじてその映像に直面した人びと、あるいはイメージを事後的に消費した人びとにとって、とても現実とは思えないほど非現実的（幻覚的）な感覚を引き起こしたのだとすれば、二つの「出来事」をへだてる一世紀近くの時差が「人間的な」現実から「非人間的な」現実へと、人類の現実感覚を一変させてしまったというほかはないだろう。

†9・11とフランス現代思想——デリダの発言

とはいえ、未解決に終わったコールドケースの捜査さながらに、9・11の「非人間的な」現実の細部に迫ることは、もちろん私たちの及ぶところではない。ここではまず、すでに忘れられてしまったかもしれない、出来事のすぐ直後にフランス現代思想の代表者たちが発信したメッセージにあらためて接近することで、思想的出来事としての9・11を再考してみよう。そこからは、テロリズムとメディアの奥深い関係をつうじて、「人間はなぜ非人間的になれるのか」という私たちの最初の問いかけへの、新たな反響が聞こえてくるはずである。

9・11に関しては、アメリカ本国では事件直後から、ソンタグ（一九三三—二〇〇四）、サイード（一九三五—二〇〇三）、チョムスキー（一九二八— ）らによってラディカルな意思表示がなされたことはいうまでもない。ソンタグの場合、最初の公式の発言は雑誌『ザ・ニューヨーカー』二〇〇一年九月二四日号（一七日発売）に発表された、九月一三日付の短いコメントで、そこで『反解釈』の著者は、9・11のテロは「「文明」や「自由」や「人類」や「自由世界」に対する「卑劣な」攻撃ではなくて、世界の自称超大国〔スーパーパワー〕に対する攻撃だったという認識は、どこに存在するだろうか」と問いかけていた。当事国の知識人の反応としては当然の速度で、事件の本質を突いた反応といえるが、フランスの場合、やや意外な人物が最初の発言者となった。ジャック・デリダ（一九三〇―二〇〇四）だ。意外な、といったのは、破壊か創造かという対立抗争型の思考を超える脱構築の思想の提案者として世界的に、とくにアメリカで知られたこの哲学者は、たとえば『湾岸戦争は起こらなかった』（一九九一）で、出来事が始まる前からコメントを発表したボードリヤールとは異なり、目の前の政治的・社会的事件にジャーナリスティックに対応するというスタイルをとってこなかったからである。

そんなデリダが9・11についてあえて言及したのは、二〇〇一年九月二二日、フランクフルトでのことだった。デリダはこの年のテオドール・アドルノ賞を受賞したのだが、この日当地で開催された授賞式の記念講演で、わずか一〇日ほど前の事件に関するコメントを急遽追加することになったのだ。一九七七年に創設されたこの賞は、フランクフルト学派の中心人物だったアドルノ（一九〇三―六九）とかかわりの深い、哲学、社会科学、音楽、文学、映画などの諸分野で功績のあった知識人に三年ごとに授けられるもので、ハバーマス、ブーレーズ、ゴダールらが受賞している。アドルノの誕生日は九月一一日なので、授賞式も例年この日にきまっていたのだが、二〇〇一年は、デリダが当日上海に滞在中で、二二日に延期されたのは奇妙な偶然というほかはない。

『フィシュ（*Fichus*）』（逸見龍生訳、白水社（以下の引用は筆者訳による））と題されたこの講演で、デリダはグローバリゼーションの進行とヨーロッパ共同体の発展という当時の状況を背景に「明日のヨーロッパの諸言語」の可能性について考察したものだった。表題のフランス語は、名詞としては服飾関係の用語で「女性用の三角形の肩掛け」を指すが、動詞 ficher の過去分詞としては「私はもうおしまいだ」とか「あの病人は直る見込みがない」といった用例が示すとおり「どうしようもない、末期的な」状態を意味している。デリダは、第二次大戦開始直後の一九三九年一〇月に、ユダヤ系ドイツ人の批評家ヴァルター・ベンヤミンが、敵国人として収容されたフランスの外国人収容所から出した手紙に注目する。ベンヤミンはそこで見た夢に関して「肩掛け」の意味でこの語を用いたのだが、それが収容所生活の暗示するもうひとつの意味（「私はもうおしまいだ」）と重なっていることを指摘して、同一の言葉が多義性をもつことの意義を強調していた。ベンヤミンは収容所からは出られたが、結局、一年後の一九四〇年九月末にスペイン国境を越えられずに自死するのだから、奥深い解釈である。

もっとも、デリダが9・11にふれたのは、もちろんベンヤミンに関してではなくて、講演末尾に挿入された数十行にすぎない。資料的な意味もあるので、主要箇所を邦訳しておこう。

「9・11という日付は、政治屋のレトリックやメディアと情報の権力や、衝動的または組織的な世論の、もっとも権威的で、もっとも正当化された戦略をつうじて、形而上学や資本主義的投機、宗教的またはナショナリズム的感情の倒錯や主権主義的幻覚と政治を継ぎ合わせようとするすべてのものに対する、酔いから醒め、眠りから覚めた、用心深い脱構築的批判を始動させることになります。〔…〕9・11の犠牲者に対する私の共感（コンパッション）は絶対的ですが、それでもなお私はこう言わなくてはならない。この犯罪に関して、私は誰の政治的無実も信じてはいないと。そして、すべての罪のない犠牲者に対する私の共感が限度のないものであるとしても、それはアメリカで〔二〇〇一年〕九月一一日に死を迎えた人びとだけにとどまるものではありません。これが、先日来ホワイトハウスのスローガンによれば「無限の正義（Infinite Justice）」と呼ばれていることがらのあるべき姿についての、私の解釈なのです。みずからの犯した過ちや政治の悪癖を、たとえそれらに対して、およそ比較を絶するもっとも恐るべき代償を支払わなくてはならない時でさえも、無実だと言い張ってはなりません。」

怒りや悲しみといった感情的な表現を極力避けながらも、デリダはこの短い文章で、航空機によるテロという犯罪をグローバリズムや原理主義による一方的な価値観の押しつけと結びつけているが、この論調は、ヨーロッパが単一の価値観と単一の言語の世界化に対抗することの重要性を強調した講演全体の性格に無理なくつながっていた。

†グリュックスマンと『悪霊』

デリダとはまったく異なる視点から9・11を論じた思想家に、アンドレ・グリュックスマン(一九三七―)がいる。一九七〇年代フランスで、新哲学派(ヌーヴォー・フィロゾフ)の代表者としてベルナール＝アンリ・レヴィらとともに脚光を浴びた一人であり、日本でも『思想の領袖たち』(一九七七)などの著作で知られているだろう。9・11後間もない二〇〇二年一月に刊行された著書『マンハッタンのドストエフスキー』では、この前代未聞の事件は「歴史の終わりでも文明の衝突でもなくて、世界化されたニヒリズムの時代にわれわれを投げ出した」と述べられていた。

グリュックスマンは、「人びとは敵を前にして恐怖を感じるが、暗闇を前にして不安を感じる」というオーストリアの作家ヘルマン・ブロッホの言葉を引用して、人類が原始時代から一貫して恐怖(la peur)と不安(l'angoisse)を区別してきたことを強調する。「恐怖は明確な対象によって引き起こされ、明確な利益を損なう。私は雷、細菌、平手打ち、大きくて邪悪な狼を恐れる。〔…〕ところが、不安はすべてに感染し、世界と私との全体的な関係を損ない、企てや目印を動揺させ、他者のイメージと私自身のイメージを脅かす」というのだ。だから、9・11は、とりわけ「地球の全人口の四分の三」をひきつけたマスメディアをつうじて、その政治的背景や当事者の意図とは異なる次元の意味作用を獲得し、それ以後人類は「世界化された不安」というニヒリズムの時代を迎えることになる。

この種のニヒリズムの先例を、グリュックスマンはドストエフスキーの世界に見出し、ハイジャック機の衝突と塔の崩落を伝えたアメリカのTV局CNNの画面に、「ドストエフスキーと彼の「悪霊」たちは、こんな字幕を付けておくことができただろう」とシニカルに言い放ち、興奮を隠さずに『悪霊』の一節を引用していた。革命家ネチャーエフがモデルとされる陰謀家ヴェルホーヴェンスキーが主人公のスタヴローギンに語る言葉だ。この箇所は『悪霊』第二編第八章「イヴァン皇子」中の一節で、ヴェルホーヴェンスキーは「破壊」を利用して人民を煽動することを提案し、「大混乱」のあとで伝説の主人公「イヴァン皇子」つまりスタヴローギンを登場させようとしている。

「われわれは破壊を宣言する……いったいなぜ、いったいなぜ、この考えがこれほど魅惑的なのか。われわれは火を放とう。われわれは伝説を広めよう……。世界がこれまで一度も見たことがないような大混乱が始まるのだ。」(フランス語訳から訳出)

グリュックスマンはさらに、『悪霊』の主人公の心情に、テロの実行犯とされるエジプト出身の若者モハメド・アタの恍惚感を重ねている――「俺は無だった。今後、俺はすべてになる。俺は死ぬが、世界も俺と一緒に死ぬのだ」。

オーストリアから移住したアシュケナージ（東欧起源）ユダヤ人を両親にもつグリュックスマンは、一九六八年パリ五月革命の時期から「神が存在しなければ、すべてが許されるだろう」というドストエフスキーの虚無的思想に共鳴していた。もっとも、政治的には、二〇世紀末から反イスラム・反ロシアの態度を鮮明にし、フランスの核武装も、西欧の軍事力によるアフガニスタンやイラクへの攻撃も支持する発言を繰り返すようになる。9・11をめぐるニヒリズムの世界化という発想は、そうした思想的態度の原点ともいえるが、少なくとも事件直後の反応としては、観念的イデオロギーの表現というよりはむしろ、彼自身が実感した未来への「不安」と、その代償としての「恍惚感」の反映だったといえるかもしれない。

†レヴィと「デモクラシーのグローバリゼーション」

時間的には前後するが、先ほど名前をあげた新哲学派の旗手だったベルナール＝アンリ・レヴィ（一九四八―　）は、二〇〇一年一二月一日、パリの有力紙『ル・モンド』に「われわれが9・11以後に学んだこと」と題するコメントを発表した。レヴィがパリの名門校エコール・ノルマルでアルチュセールとデリダに師事しながら師とは異なる立場を選び、マルクス＝スターリン主義を激しく批判して『人間の顔をした野蛮』（一九七七）や『フランス・イデオロギー』（一九八一）で注目され、その後は旧世代の「左翼か右翼か」

という対立を一蹴して、フランスを代表する行動派の知識人となっていることは、よく知られているとおりだ。

やはりユダヤ系の知識人であるレヴィは、9・11テロの報復として、二〇〇一年一〇月に始まった米軍のアフガニスタン侵攻「不朽の自由作戦」（イギリス空軍も参加）で、イスラム原理主義の武装組織タリバンが（一時）一掃されたことについて、「タリバンは戦わずに敗北した。〔…〕タリバンたちはイスラムの復讐者だったのか、アラーへの信仰は不敗の武器だったのか。事実はそうでなかったことを証明している。原理主義の熱狂がB52爆撃機に対して無力だったことを、誰もが自分の目で見ることができたのだ」と述べた上で、こんな特徴的な言葉を残していた。

「アフガンの教訓、アフガニスタン戦争が実証したことからわれわれが学んだのは、デモクラシーのグローバリゼーション〔民主主義の世界化〕が現代という時代のもうひとつの見とおし〔地平線〕となっているということである。」

ここでいう「民主主義」とは、もちろんイスラム原理主義の対極に位置する（とレヴィが見なしている）西欧市民社会の指導原理なので、レヴィがこの種の原理主義を批判する立場を取っていることは明らかだが、同じユダヤ系のデリダとは異なり、グリュックスマンとレヴィは彼らの出自におそらく忠実に、9・11をイスラム過激派による反米テロという側面に限定して理解しようとしていることは無視できないだろう。というのも、事件の「真相」は別にしても、この日の出来事がそうした限られた範囲を超える特別な意味をもつのは、テロとそれを報じたメディアの微妙な共犯関係が、二一世紀の新たな「非人間的な」方向性を示唆していたと思われるからだが、この共犯関係の実態は、テロから戦争へと続いた現実政治によって覆い隠された感がある。もっとも、レヴィ自身、先に引用した箇所でおそらく無意識のうちに（タリバンの敗北を）「誰もが自分の目で」見たと述べていたが、それがCNNその他のTV画面をつうじた体験だったことは間違いない。

「デモクラシーのグローバリゼーション」について、ひと言だけつけ加えておこう。レヴィの発言から一〇年後の二〇一〇─一一年の冬に、チュニジアでフェイス・ブックなどのソーシャル・ネットワークが媒体となって、独裁政権の打倒にまで発展した「ジャスミン革命」は、その後エジプト、バーレン、リビアなどに拡がっていった。その後の展望は、二〇一一年の時点ではまだ開けていないが、この出来事は、レヴィが予測したのとは別の意味で、中東イスラム独裁国家のデモクラシー化をもたらそうとしている。（もっとも、欧米のメディアによれば、二〇一一年秋に、リビアで四〇年以上続いたカダフィ独裁政権が崩壊にいたった事態の背景には、同年春、レヴィがフランスのサルコジ大統領にNATO軍によるリビア空爆を進言したという事実があったようだ。）

†ボードリヤール「テロリズムの精神」の衝撃と射程

デリダ、グリュックスマン、レヴィと、9・11に関してフランスの知識人たちが事件から数ヶ月の間に発表したテクストをごく手みじかに概観してきたが、もっとも反響を呼んだ本格的な論考をいちはやく提出したのは、ジャン・ボードリヤール（一九二九―二〇〇七）だった。二〇〇一年一一月三日付『ル・モンド』が、ボードリヤールの「テロリズムの精神（L'esprit du terrorisme）」を掲載したのである〔以下の邦訳は『パワー・インフェルノ』（塚原史訳、NTT出版、表現を一部改変）による〕。一面最上段には、著者の顔写真と編集部によるリード文「9・11とその後の諸結果を、大西洋の両岸で読まれ、論じられている哲学者ジャン・ボードリヤールが分析する」があり、本文は一〇・一一面の大半を占めるという最大級の扱いだった。

「大西洋の両岸」という表現について少しだけ補足しておけば、ボードリヤールは一九八〇年代後半以降、狭義のアカデミズムの枠を脱した、ラディカルで自由な思想家・文明批判者としてのスタイルを選び、とくに一九八六年の旅日記風のエッセー集『アメリカ』によって、北米大陸に多くの読者を獲得していた。この著作には、ボードリヤール自身がアメリカで撮影した写真を多数挿入したヴァージョンがあり、デリダらのアカデミックな知識人とは一線を画した独自の存在感が強調されていた。

「テロリズムの精神」というタイトルが予感させるように、この論評は事件直後の高揚感にあふれた衝撃的なものであり、そこでボードリヤールは、ハイジャック機によるマンハッタンとワシントンDCでの自爆テロ（「カミカゼ」）からアフガニスタン戦争へといたる一連の過程を、ひとまずデリダと同じように、超大国アメリカによるグローバリズムの強要が引き起こした事態と受けとめたうえで、さらに一歩踏みこんで「これほどの覇権を獲得すれば、どのような強国でも、誰もがその破壊を夢見ずにはいられないのだから、われわれはみな、ひとりの例外もなく、今回の出来事を夢見ていたことになる」と述べていた。そして「それを実行したのは彼らだが、望んだのはわれわれのほうだ」という、歴史に残る「名言」（「暴言」かもしれない）を言い放ったのである。

こうした激しい論調がテロリストへの共感の表明と受け取られたせいで、『ル・モンド』紙上では記事の掲載直後から賛否両論があいつぎ、ボードリヤールのテクストを「精神のテロリズム」として非難する者さえ現れた。個人的エピソードになるが、私はボードリヤールと一九九〇年代から直接付き合いがあったので、「テロリズムの精神」の邦訳者として二〇〇一年一一月にパリのボードリヤールと電話でコンタクトを取り、彼の肉声に接することができたが、当時すでに七〇歳を越えていたこの知の巨人はそんな風評を意に介さず、私はイスラム支持でも、テロリスト支持でもないよ、テクストをよく読めばわかるじゃないか、と語っていた。

たしかに、論考を注意深く読めば、ボードリヤールが正義か悪か、世界警察か国際テロリストかなどといった、まさにB級ハリウッド映画めいた二項対立の次元をはるかに超えて、9・11とその後の展開のうちに、二一世紀型の新しい世界の動きを読み取っていたことはまちがいない。彼はまず、米ソ対立を軸とした冷戦構造の解体で始まった一九九〇年代(旧ソ連解体は一九九一年)を振り返り、東欧社会主義圏の崩壊で激動期に入ったかに見えた世界はその後鎮静化し、「レディ・ダイアナの死(一九九七年)やサッカー・ワールドカップ・フランス大会(一九九八年)のような擬似イベント」が世界中の民衆の関心を惹きつけていた間に、アメリカを事実上唯一の超大国とするグローバリゼーションの巨大な過程が進行したと述べる。そして、このプロセス自体を挫折させるような出来事は何ひとつ起こらなかったことを指摘して、こうした状況を「出来事のストライキ」と名づける。歴史を動かすような出来事の進行がストップした状態である。

ところが、9・11とともに出来事は「ストライキの続行」をやめて、世界は「第四次世界戦争」の段階に入ったと、ボードリヤールはいう。なぜ「第三次」ではないのかといえば、それはすでに起こってしまったからだ。一九一四―一八年の第一次大戦は、ヨーロッパの優位性を終わらせ、その帰結として生じた一九三九―四五年の第二次大戦は、ナチズムの支配を終わらせた。そして第二次大戦後、冷戦と核の抑止力をつうじて維持されてきた米ソの「恐怖の均衡」状態は、一九八九年秋のベルリンの壁の崩壊に始まるソ連と東欧の共産主義体制の解体によって終止符を打ち、消費社会と市民的デモクラシーが勝利を収めた。アメリカ型資本主義が、血を流すことなく第三次大戦の勝者となったのだ。

こうして「世界戦争から世界戦争へと、毎回のように、人びとは単一の世界秩序のほうへ突き進んでいった」のだが、9・11以後の「第四次世界戦争」は、これまでの戦争とはまったく異質な状況を引き起こしている。それは東欧共産圏の瓦解によって唯一のスーパー・パワーとなったアメリカが、世界のその他の部分に強引に押しつけようとしている単一の世界秩序そのものに対する「戦争」となるだろう。「第四次世界戦争は、あらゆる世界秩序、あらゆる覇権主義的支配につきまとう戦争であり〔…〕、グローバリゼーションに抵抗しているのは、じつは世界そのもの」なのだ。「第四次世界戦争」という表現は、9・11後ブッシュ政権の新保守派（いわゆるネオコン派）によっても用いられたが、初出例としてはボードリヤールのほうが先で、その内容も異なっていた。このような、ボードリヤールによれば「世界秩序の最終段階」の時代に特徴的なのは、「世界秩序の裏側に落ちこんだ貧しい人びと」の反抗ばかりではなく、「世界秩序の利益を共有する人びとの内心にさえ存在する、決定的な権力に対する拒否反応」であり、彼はこの点にテロリズムの新たな「精神」の根拠を見出そうとしている。

テロリズムが背徳的（インモラル）であるとしても、それはグローバリゼーション自体の背徳性に見合ったものだ、それならいっそ、われわれ自身が背徳的になろうではないか、とボードリヤールは述べる。「善と悪との関係について、西欧哲学〔啓蒙哲学〕とは完全に別の方向をめざすのだ。善の進歩〔…〕〔科学技術、民主主義、人権〕が悪の敗北に対応していると、われわれは素朴にも思いこんでいる。だが、善の力の増大と同時に悪の力も増大することを、これまでは〔9・11以前〕誰も理解しなかったようだ。〔…〕世界中の権力を独占することで、善は、その権力の大きさにつりあった暴力というバックファイアをもたらしているのである。」

したがって、9・11という事件は、まさに善悪の彼岸で起こったことになるが、このようなタイプのテロリズムはグローバリゼーションの逆説から新しいゲームの規則を引き出す。テロリストたちは自動小銃や手榴弾の代わりに「マネー、証券投機、情報技術や航空技術、さらにはショービジネス的要素やメディアのネットワーク」といった最先端の「武器」を用いるのだ。つまり、彼らはエコノミーとテクノロジーとマスメディアのグローバリゼーションに完全に同化しながら、グローバリゼーションという世界秩序の破壊を企てたわけである。テロリストたちのこうした陰謀に対して、世界を管理するアメリカ型システムは「セキュリティの恐怖政治〔テロリズム〕」によって単一の基準を強制しようとするほかはないとすれば、9・11のテロをもたらしたのはシステム自体のテロリズムなのだというラディカルなパラドックスを、ボードリヤールは提示していた。

彼は一九九一年に『湾岸戦争は起こらなかった』の最終行で、「世界的合意の覇権が強くなるほど、それが崩壊する危険も増大する」とすでに指摘していたが。9・11以後一〇年間に生じた唯一の超大国としてのアメリカの支配力の明らかな後退は、「合意の覇権」を拒否する意思表示が地球規模で醸成されてきたことを実感させるものだ。この意味では二〇〇一年の論考「テロリズムの精神」の射程は、意想外の長さをもっていたといえるだろう。

†9・11とメディア――現実とイメージの逆転

もちろんボードリヤールは、この批判的論考で9・11を政治的事件として語っているだけではなくて、現代という時代に生きるすべての人びとの思考と感性の過去、現在、未来に関わる突出した出来事として、事態の展開の本質を読み解こうとしている。彼の発想の独自性は、メディアによる9・11のイメージ化の操作を論じた箇所に明らかだ。

「テロリズムの精神」で、ボードリヤールは「今回の特異な出来事の場合、あのマンハッタンのカタストロフィー映画めいた光景の中では、二〇世紀の大衆を魅了してきた二つの要素が、最高度のレベルで接合されている。映画の白魔術とテロリズムの黒魔術、映像の白い光とテロの黒い光である」と述べていた。二〇〇一年九月一一日午前八時四六分、最初のハイジャック機がWTCビル北塔に激突、九時三分、二機目が南塔に激突、一〇時五分南塔崩落、一〇時二九分北塔崩落という事件の波乱に満ちた展開(BBCとCNNのウェブサイトの資料による）の中で、晴天のマンハッタン島の青空を背景に、マスメディアが全世界に発信した映像は、フィクションとしての「映画」とノンフィクションとしての「テロリズム」が瞬時に結合した「テロリズムのスペクタクル化」の、史上前例のない場面となった。

オリジナルという「現実」の存在を必要としない「複製」としてのシミュラークル概念を提案したボードリヤールが、ここで「魔術」という表現を用いていたことは、現実と虚構の関係の逆転に関して奥深い意味をもつ。というのも、人びとに恩恵をもたらす（とされる）白魔術にせよ、その対象に破壊や死をもたらす（とされる）黒魔術にせよ、「魔術（la magie）」とは、現実を幻覚に変換する非合理的な操作にほかならないからだ。メディアによるこの種の操作は、必然的に「スペクタクルのテロリズム（恐怖政治）」の前に人びとを連れ出すことになり、パニック映画でも見られなかったようなシーンをテレビ中継画面で目撃することでイメージが現実に取って代わり、「現実」をドラマチックに過激化するというテロリストたちの戦術が成功を収めてしまった。さらに巧妙に仕組まれたと思える、ツインタワーへの二度の衝突を隔てた十数分は、メディアを総動員するにはじゅうぶんな時間であり、事故かもしれないという最初の安易な憶測は世紀の大惨事の確信に変わっていったのである。こうして、地球規模の視聴者をテレビの前に釘づけにしてから始まった、当時世界最高層を誇った双子の巨大建築がつぎつぎと崩落する場面は、おそらくテロリストの思惑をはるかに越えて、人びとの神話的ともいえる〈まるでバベルの塔の崩壊に立ち会っているかのような〉集合的想像力を興奮させたのだった。

したがって、メディアがリアルタイムで介入しなければ、9・11のテロが前代未聞の衝撃を引き起こすことはなかったという意味では、メディアとテロとの間にある種の共犯関係が成立していたことは否定できない。メディアを利用するというテロリストの戦術が成功したとすれば、逆にメディアは、テロの映像をリアルタイムで配信することで、テロという現実の「イメージ化」に成功したのであり、このイメージは、無限に反復される情報の記号としての商品価値を獲得するようになった。メディアの白魔術とテロリストの黒魔術は、みごとに手を組んで世界を乗っ取ったのだ。出来事〈テロ〉と、メディアが伝えるそのイメージとの相互作用について、ボードリヤールは、こう述べていた。

「〈メディアが伝える〉イメージの役割は高度に多義的である。というのも、イメージは出来事を高揚させると同時に、イメージを人質に取るからだ。イメージは無限に増殖されることで中和され、気晴らしとして機能するようになる〈一九六八年〈パリ五月革命〉の出来事がすでにそうだった〉。イメージは出来事を消費する。つまり、出来事を吸収し、〈記号化して〉消費用に提供するのである。たしかに〈9・11の〉イメージは前代未聞の衝撃をあたえるが、〈政治的メッセージではなく〉あくまでイメージとしての出来事の資格で、そうするのである。〔…〕今回の場合、ヴァーチャルなものと思われてきた世界に現実そのものと現実の暴力が再び出現するのを見たと、（おそらくある種の安堵感とともに）人びとは信じたのだった。「いつものヴァーチャルな物語はもう終わった――これこそ現実だ！」というわけである。〔…〕けれども、現実はほんとうにフィクションを乗り越えたのだろうか。そう見えるのは、現実がフィクションのエネルギーを吸収して、現実自体がフィクションになったからだ。現実がフィクションを嫉妬し、リアルがイメージを嫉妬したのだとさえいえそうである。」

†イメージと（の）暴力

引用が長くなったが、ボードリヤールは歴史的事件としての9・11の解釈にとどまらずに、現実とイメージの関係の逆転という現代社会の本質的な問題に踏みこんでいる。この種の逆転をつうじて、イメージ（とその発信者）は現実を暴力的に加工し、歪曲することができる。こうして出現する「イメージの暴力」は、とりわけ9・11以降、現代社会のさまざまな場面で激しさを増しているといえるだろう。

二〇〇三年秋、フランス政府文化使節として東京を訪れたボードリヤールは「イメージの暴力、イメージに対する暴力」と題する講演を行った（以下の引用は『暴力とグローバリゼーション』〔塚原史訳、NTT出版〕により、表現を一部改変）。彼はそこで、9・11以後の現代的暴力が「強者の攻撃的暴力と、それに対抗する批判的・対抗的暴力」という古典的図式では理解できなくなっていることを指摘していた。現代的暴力とは「攻撃型の暴力より巧妙な、抑止的暴力、平定と制圧と管理の暴力、つまり平静を装って実行される根絶やし型の暴力、セラピーと遺伝子操作とコミュニケーションによる暴力」なのだ。

この「第三のタイプの暴力」が、メディアをつうじた「イメージの暴力」であり、そこではすべてが目に見えるものとなり、一切の秘密が消滅する。この種の「強制された可視性」の世界では、現実の日常生活がそのままオンエアーされた「リアリティ・ショー」のようなアメリカのテレビ番組さながらに、誰もが、知らないうちに（あるいはみずから望んで）すべての人びとにすべてを見られているという状況が出現するのだが、こうしてすべてがイメージ化（モニターの画像化）された「現実」の中では、生《なま》の現実はメディアに加工されて提供されるので、古典的な意味での現実世界は消滅するほかはない。

それは、ミシェル・フーコーが『監獄の誕生――監視と処罰』（一九七五年）で論じたパノプティコン（一望監視装置）の段階を超えた状態であり、そこでは管理の権力はごく普通の人びとの内面にさえ移行して、いたるところに設置された犯罪防止用の監視カメラで二四時間見張られることに安らぎを感じる都市の住人のように、彼らはみずから進んで自分自身をイメージに変換する暴力に身を任せるのだ。もちろん、監視カメラが犯罪の予防や犯人の捜査に役立っていることは事実だが、ここで問題なのはそうしたレベルの話ではなくて、カメラが導入された当初は困惑を感じた人びとが、慣れてしまうとカメラの不在にかえって不安を感じるようになるという、ある意味で倒錯的な状況である。

あるいは、ポップアートの「王様《キング》」アンディ・ウォーホルが「誰でも一五分間は有名人になれる」と語ったように、テレビ画面に自分のイメージが数秒でも映されることで、人びとは自分の存在感を誇らしげに確認することになる。「テレビに出た（映った）」こと、つまりイメージに変換されたことが、彼らの現実性の証しとなり、その画像はハイビジョン映像で録画されて無限に反復される。テレビ局のクルーがやって来なければ、自分で自分をイメージ化すればよい。「私」が撮影した「私」のイメージは、ちっぽけな「現実の私」をはるかに越えて、ウェブサイトをつうじて地球規模で流通可能なのだから。まさに、テクノロジーの白魔術というべきだろうか。

とはいえ、現実を「消滅」させるイメージの暴力は、イメージに対する暴力を伴わないわけにはいかない、とボードリヤールはつけ加えていた。イメージは「証拠や証言やメッセージの目的で」、さらには「道徳的、教育的、政治的目的、宣伝目的等々で利用される」ことをつうじて、過剰な意味作用を背負わされ、たとえば一九世紀に写真術が発明された時期の写真がもっていた破滅的で呪術的な幻想、つまり一〇〇年以上前の人びとが素朴に信じたように、写真に「取られる」ことは魂を「取られる」ことだという迷信につながる幻想は、最先端の情報処理技術によって合成される「無から生じるイメージ」の中で、永遠に失われてしまうのだ（もっとも、この方向からのイメージ論は、彼自身の写真家としての仕事から実感されたものであり、その考察は別の機会に譲りたい）。

†「人間的真実」から「非人間的な現実」へ

ところで、白魔術といえば、ボードリヤールはすでに一九七〇年に、こんなことを書いていた。

「中世社会が神と悪魔の上で均衡を保っていたように、われわれの〔現代〕社会は消費とその告発の上で均衡を保っている。悪魔のまわりにはさまざまな異端とさまざまな黒魔術の流派が組織されえたが、われわれの魔術は白く、豊かさのなかには異端はもはや存在しえない。それは飽和状態に達した社会、眩暈《めまい》も歴史〔＝物語〕もない社会、みずから以外に神話をもたない社会の予防衛生的な白さなのである。」（『消費社会の神話と構造』今村仁司・塚原史訳、紀伊國屋書店）

もう四〇年以上も前の文章だが、それ以来、あらゆるモノとサービス、あらゆる事件と出来事が記号化され、さらには情報化される消費社会は、旧社会主義圏も「発展途上国」も呑みこんで、地球規模の展開を拡大し続けている。そんな現状をあらためて想い起こすとき、「みずから以外に神話をもたない社会」の「神話」とは、結局、メディア自体のことだったのではないだろうか。ここでメディアとは、旧来の大新聞・大放送局などのマスメディアだけでなく、多様なサイズとパワーをもつ自己発信型のマルチメディアを含むことはいうまでもない。「現実」を記号と情報に変換するあらゆる操作をつうじて、メディアは消費社会にあらかじめ失われている「眩暈」と「歴史（＝物語）」の幻覚を提供し、メディアそのものが現代の神話となるのだ。

そして、この種の消費社会的な神話化の近代的起源が映画の「白魔術」に求められるとすれば、一八九五年フランスのリュミエール兄弟による映画の発明という出来事は、すでに現実のメディア（媒体）化を示唆していた。この点で興味深いのは、一九六七年公開のジャン＝リュック・ゴダール（一九三〇―　）の映画『中国女（La Chinoise）』だ。毛沢東主義（マオイスム）が消費社会の知的階層に多くの支持者を見出していた当時の現実を背景に作られたこの作品は、パリで男女の若者たちが毛沢東主義を学習するために実践した合宿という場面を設定し、ラジオのフランス語北京放送で始まる日課では、マオイスムだけでなく、当時の現代政治（ヴェトナム戦争など）や文化（ニュース映画など）をめぐる学習会がもたれる。（この場面は、二〇一〇年にエマニュエル・ローランとアントワーヌ・ド・ベックが制作したフランス映画『ふたりのヌーヴェルヴァーグ　ゴダールとトリュフォー』にも引用されている。）

ジャン＝ピエール・レオ（一九四四―　）の演じる俳優ギヨームが講師になる会合のシーンで、「情報の問題／共和国のテレビのために」とチョークで走り書きされた黒板を背にして、ギヨームは「アクチュアリテ」（この場合はフランス語で「ニュース映画」のこと）の意味作用を論じ、最初期のシネマトグラフで『列車の到着』や『工場の出口』（一八九五）を撮影したリュミエール兄弟がニュース映画（ドキュメンタリー）の元祖とされ、その少し後に『月世界旅行』（一九〇二）を作ったメリエスが劇映画（フィクション）の創始者とされる「定説」に反論する。彼は「二日前にラングロワがシネマテークで発表した」という説を紹介し、リュミエールは、ピサロやマネやルノワールのような「画家だった」が、メリエスの『月世界旅行』は、「彼なりに再構成されたニュース映画」だったと述べるのである。（ラングロワ［一九一四―七七］はパリのフィルムライブラリー「シネマテーク」の創立者で、館長でもあったが、『中国女』公開の翌年一九六八年に当時の文化大臣アンドレ・マルローに解雇された。これに対して、ゴダールから黒澤明まで世界中の映画人が抗議の声を上げ、結局処分は撤回されたが、このラングロワ事件は同じ年の五月革命の前哨戦となった）。

映画の場面ではそれ以上の説明はないが、少し補足しておこう。メリエスの映画は、架空の出来事をセットで撮影しているという点ではたしかにフィクションだが、宇宙旅行という「非現実」を（当時の素朴な技術をつうじてではあったが）「現実化」してみせたという意味では、ニュース映画につうじるドキュメンタリー性をもっていた、他方、リュミエール兄弟の映画は、一見、目の前の現実の光景をそのまま撮影したようでも、その「現実」は、すでに彼らの（印象派の）「画家的」感性によって選択され、加工されたものであり、カメラをつうじて描かれた「現実」という意味では、潜在的なフィクション性を獲得している。見る側は、メリエスの場合、それを現実と受け取ることはないが、リュミエール兄弟の場合、とくに初めて動く画面を見た人びとは、映像を案外素直に現実そのものとして受け止めてしまった。だからこそ、蒸気機関車が煙を噴き上げて迫ってくるシーンを目の前にした当時の観客は、思わず席を立って逃げ出したのだが、このとき初めて、映写幕の上のイメージが実体験としての「現実」に置き換えられることになったのだ。それから一世紀あまり後に起こった9・11のメディア化された映像の場合にも、この置き換え自体には本質的な変化が生じていなかったとすれば、現実とイメージの逆転は、すでに映画の発明とともに開始されていたといえるだろう。

†再び『チボー家』の方へ

このへんで『チボー家の人々』に戻ろう。一九一四年夏、パリ中に貼りだされた総動員令を読んで、反戦運動に献身する若者ジャックが、それまで「科学者のように」確信を抱き続けてきた「正義、人道の真理、愛の勝利」が崩れ去る激しい崩壊感覚に襲われる、あの場面だ。山内義雄氏の名訳で「人道の真理」となっている箇所の原語は la vérité humaineだった。直訳すれば「人間的真実」となる。大戦争が始まることが確実となった時点で、もろくも敗れ去った「人間的真実」とは何だったのだろうか。それは、すぐあとの箇所のジャック自身の反応から明らかになる。

「なんという恥辱! 彼は冷ややかな、侮蔑に満ちた怒りによって喉をしめあげられるように感じた。これほど自尊心を傷つけられたと感じたことはなかった。憤慨とか失望というより、途方に暮れ、辱められた気分だった。民衆の萎縮した意思によって、人間の救いようのない凡庸さによって、理性の無力さによって辱められたのだ。」

男性も女性も、おとなもこどもも、あらゆる人間が敵と味方に分断され、「敵は殺せ」という命令が最優先される戦争、それも死者が数百万、数千万の単位で数えられる世界戦争という「非人間的な」現実は、正義と愛が勝利するという「人間的真実」の対極に位置していたはずだ。だが、すでに本書全編をつうじてたどってきたように、近代社会を成立させた理性と主体の覇権は、その反対物である非人格的な客体性(群衆、機械、無意識等々)に転化し、史上最大の戦争を前にして理性があまりにも無力だったことを、物語の主人公ジャックの屈辱感は物語っていた。

けれども、逆にいえば、ジャックがあまりにも安易に信じた「人間的真実」の前提となった理性の発展が、その裏側で「非人間的な現実」を肥大化させていたことは否定できない事実なのだから、この意味では、理性は初めから無力だったのではないだろうか。さらに、マルタン＝デュ＝ガールが「一九一四年夏」を発表した一九三六年には、ドイツとイタリアはすでにヒトラーとムッソリーニの独裁権力が確立し、日本でも二・二六事件が起こって軍国主義の支配が強まり、世界は次の大戦争へと傾斜していったのである。

こうして、二度の世界戦争から9・11へといたる歴史の展開をつうじて、人間（性）の不条理と理性の暴力が何度も再確認されてきたとすれば、二一世紀の最初の一〇年が過ぎた現在なお、私たちはふたたび問い直さなくてはならない——人間はなぜ非人間的になれるのか、と。

新書版あとがき

暦のうえでは二〇世紀最後の年に、「人間はなぜ非人間的になれるのか」という、ある意味で、この百年期でいちばん深刻な疑問のひとつになんとか接近できたことに、私はささやかな感慨を覚えている。ふりかえって見れば、私たちの世紀は、女性や若者から各地の先住民まで、多様な差異と特殊性を生きるマイノリティを解放し、自己主張の機会を提供したという点で、たしかに「人間的」な時代だった。けれども、戦争と革命と収容所の果てに人びとの生活のあらゆる場面を記号化する高度消費社会に入りこんだという点では、あきらかに「非人間的」な体験に満ちあふれていたからである。

これこそは人類史上最大のパラドックスだと言っても、けっして言い過ぎではないだろう。この逆説は、普遍的「人間」を主人公とする「ヒューマニズム」という西欧近代の誇るフィクションが、アヴァンギャルド芸術の反逆から全体主義の狂気をへて、世紀末のカオス的状況へといたる過程で、さまざまな変容をとげて現在にいたっている。本書で企てたのは、こうしたメタモルフォーズを、「人間」が理性、個人、オリジナル等の岸辺を離れて、無意味、無意識、全体、コピー等の「非人間的」な彼岸へと漂着して「幼年期の終わり」にたどりつくストーリーとして読み解く試みだった。この「物語」から「幼年期の終わり」を越える、未知の新たな発想が生まれることを、私はひそかに、いや公然と期待している。

書物の構成としては、第3章の「太陽の塔」の謎解きに深入りしすぎたかもしれない。「塔」を最初に見たのは、私自身がまだ反抗的な学生だった一九七〇年春の大阪万博開幕直後で、当時すでに強烈な異物性を感じはしたが、「太陽＝切られた首」のイメージはもちろん思い浮かばなかった。その後一九七〇―八〇年代のパリで、岡本太郎の精神を育んだ一九三〇年代フランスの思想を追体験するうちに、「文明」の中心に「未開」を侵入させる彼の「ベラボーな」発想にふと気づいたことがきっかけとなって、人間の「非人間化」をめぐる問いへの答えのひとつを「塔」に見つけたというわけだ（この項の執筆にあたっては、川崎市立岡本太郎美術館学芸員大杉浩司氏から貴重な示唆をいただき、また信濃毎日新聞植草学氏は多くの資料を提供して下さった。深く感謝したい）。

ところで、一〇年ほど前にあのバカロレアの問題について語ったジャック・ラング氏は、二〇〇〇年春に再び文部大臣に任命された。終章でふれたローマの小さなデモの直前にパリで繰りひろげられた教育改革を求める大デモ行進によって、前任者が辞職したからだ。おなじ問いに、ラング氏は今なら何とコメントするだろうか。そんな私的な思いも、本書のすこし長すぎる表題にはこめられているかもしれない。

本書の出版にあたっては、筑摩書房の井崎正敏、湯原法史、天野裕子の諸氏に大変お世話になった。とりわけ、天野さんの叱咤激励がなければ、本書は二〇世紀のうちに完成しなかっただろう。

二〇〇〇年の、長すぎた夏の終わりに

塚原　史

文庫版あとがき

本書は、二〇〇〇年一〇月にちくま新書の一冊として刊行された『人間はなぜ非人間的になれるのか』の増補改訂版だが、二〇世紀の思想的展開に「全体、無意味、未開、無意識」など、理性的近代から見れば「非人間的な」テーマをつうじて接近する試みであり、旧著に一〇〇ページほど加筆した新たな著作でもあるので、題名を『20世紀思想を読み解く』と改めて、ちくま学芸文庫に加えていただくことにした。なお、この場合「二〇世紀」とは、二一世紀初頭の現在までを射程に入れた表現である。

文庫版には、その出版の年、二〇一一年の三月に大地震・大津波と原子力発電所の大事故という文字どおり「非人間的な」カタストロフが私たちの国を襲ったという、けっして消すことのできない記憶をひとまず記録しておく意味もあり、ごく個人的な体験もまじえて、序文「3・11のクロニクル」を付した。旧著本文の主要な加筆箇所は、第2章「無意味」の「芸術の非人間化」、第3章「未開」の「『いけにえ』としての塔と太郎のマゾヒズム」「太郎の選択――アヴァンギャルドからキッチュへ」である。前者では、オルテガ・イ・ガセットの著名な評論を現代的視点から再考し、後者では、岡本太郎「太陽の塔」の

「祝祭のサクリファイスに供された母子像」としての解読の深化を試みた。さらに、「終章」の後に「アフタートーク――メディア：現実とイメージの逆転」の章を追加し、二〇〇一年九月一一日のアメリカ同時多発テロに関する当時のメディアの報道や西欧知識人の言説をふり返ることで、「非人間的な」時代の新たな段階を考察することにした（他にも加筆や修正を行った箇所があり、参考文献も若干追加した）。

結局、新書版と文庫版をへだてる歳月は、9・11から3・11へと続く、二一世紀最初の一〇年だったわけだが、このことをめぐって想い出されるのは、荒川修作（一九三六―二〇一〇）から二〇世紀の終わりに直接聞いた、こんな話だ。荒川は、一九六一年以来終生ニューヨークに住み着き、「与えられた世界から自由になること」をめざして、絵画「意味のメカニズム」から建築「天命反転住宅」まで、死すべき「人間」を死なないための「建築的身体」へと反転するユニークな発想を提案した、稀有な芸術家・思想家だった。一九九五年頃だろうか、「世紀末って、何か意味があるんでしょうか？」という私のひどく乱暴な問いに、荒川は一瞬間を置いて、こう答えたものだ――「そうだな、世紀末ってやつは、ベッドから降りようとして、足がまだ床に着いていない感じかな」。

それから数年後、足が床に着いたことをたしかめる余裕もないままに9・11が起こり、その一〇年ほど後に3・11を体験して、私たちは「いま、ここ」にいる。私たちはこれから、新しい世紀をしっかりと踏みしめて、立ち止まりも後退もせずに、未知の時空めざして歩き出すことができるのだろうか？
この小さな書物が、そのためのささやかなガイドブックとして、少しでも役に立つことを願っている。

本書の企画から出版にあたっては、新書版同様、筑摩書房編集局の天野裕子さんに大変お世話になった。一一年間の深い感謝をこめて、天野さんに改めて Merci mille fois!（千回ありがとう）

二〇一一年一〇月、東京吉祥寺

塚原 史

ブルトン『ブルトン　シュルレアリスムを語る』1952（稲田浩・佐山一訳，思潮社）
ブルトン『シュルレアリスム宣言・溶ける魚』1924（巖谷國士訳，岩波文庫）
花田清輝『アヴァンギャルド芸術』（未来社）1954
鈴木雅雄『シュルレアリスム，あるいは痙攣する複数性』2007（平凡社）

終章

ブルトン『ナジャ』1928（巖谷國士訳，白水Uブックス）
坂上桂子『夢と光の画家たち―モデルニテ再考』（スカイドア）2000
ベンヤミン『複製技術時代の芸術作品』1936（高木久雄・高原宏平訳，晶文社，他）
ベンヤミン『写真小史』1931（久保哲司編訳，ちくま学芸文庫）
ボードリヤール『象徴交換と死』1976（今村仁司・塚原史訳，ちくま学芸文庫）
ボードリヤール『完全犯罪』1995（塚原史訳，紀伊國屋書店）
クラーク『幼年期の終り』1953（福島正実訳，ハヤカワ文庫）
コンパニョン『近代芸術の五つのパラドックス』1990（中地義和訳，水声社）
塚原史『ボードリヤールという生きかた』2005（NTT出版）

アフタートーク

マルタン＝デュ＝ガール『チボー家の人々』1922-1940（山内義雄訳，白水Uブックス）
デリダ『フィシュ　アドルノ賞記念講演』2001（逸見龍生訳，白水社）
レヴィ『危険な純粋性』1994（立花英裕訳，紀伊國屋書店）
ボードリヤール『パワー・インフェルノ』2002（塚原史訳，NTT出版）

（塚原史訳，光文社古典新訳文庫）
塚原史『反逆する美学　アヴァンギャルド芸術論』2008（論創社）

第３章

マルクス『経済学批判』1859（武田隆夫訳，岩波文庫，他）
ゴーギャン『タヒチからの手紙』1918（岡谷公二訳，昭森社）
岡本太郎・宗左近『ピカソ』（朝日出版社）1980
岡本太郎『岡本太郎著作集』（講談社）1979-80
岡本太郎『岡本太郎の本』（みすず書房）1998-2000
岡本敏子『岡本太郎に乾杯』（新潮社）1997
倉林靖『岡本太郎と横尾忠則』（白水社）1996
『多面体・岡本太郎』（川崎市岡本太郎美術館）1999
『岡本太郎 EXPO70―太陽の塔からのメッセージ』（同上）2000
バタイユ『バタイユ著作集』1970-　（澁澤龍彦・生田耕作他訳，二見書房）
バタイユ他『聖社会学』1979（兼子正勝他訳，工作舎）
シュリヤ『バタイユ伝』1987（西谷修・川竹英克・中沢信一訳，河出書房新社）
湯浅博雄『バタイユ』（講談社）1997
酒井健『バタイユ入門』（ちくま新書）1996
モース『供犠』1899（小関藤一郎訳，法政大学出版局）
セゼール『帰郷ノート／植民地主義論』1945/51（砂野幸稔訳，平凡社）
岡本太郎『岡本太郎の宇宙』2011（全５巻　ちくま学芸文庫）
赤坂憲雄『岡本太郎という思想』2010（講談社）

第４章

ディディ＝ユベルマン『アウラ・ヒステリカ』1982（谷川多佳子・和田ゆりえ訳，リブロポート）
トリヤ『ヒステリーの歴史』1986（安田一郎・横倉れい訳，青土社）
ゲッツ『シャルコー／神経学講義』1987（加我牧子・鈴木文晴訳，白揚社）
フロイト『精神分析入門』1917（高橋義孝・下坂幸三訳，新潮文庫）
ベアール『アンドレ・ブルトン伝』1990（塚原史・谷昌親訳，思潮社）

トクヴィル『アメリカの民主政治』1835, 1840（井伊玄太郎訳, 講談社学術文庫）
スタンダール『赤と黒』1830（小林正訳, 新潮文庫, 他）
ベンヤミン『パサージュ論』1982（今村仁司・三島憲一他訳, 岩波現代文庫）
デュルケーム『自殺論』1897（宮島喬訳, 中公文庫）
カミュ『シーシュポスの神話』1942（清水徹訳, 新潮文庫）
アレント『全体主義の起源』1951（大久保和郎・大島通義・かおり訳, みすず書房）
バレス『自我礼拝』1888-91（伊吹武彦訳, 中央公論社）
今村仁司『群衆—モンスターの誕生』（ちくま新書）1996
小岸昭他編『ファシズムの想像力』（人文書院）1997
河本真理『葛藤する形態　第一次世界大戦と美術』2011（人文書院）
久保昭博『表象の傷　第一次世界大戦からみるフランス文学史』2011（人文書院）

第2章

西谷修『戦争論』（講談社学術文庫）1998
桜井哲夫『戦争の世紀』（平凡社新書）1999
ツァラ『トリスタン・ツァラの仕事』1916-63（大平具彦・浜田明・塚原史訳, 思潮社）
リヒター『ダダ：芸術と反芸術』1964（針生一郎訳, 美術出版社）
ディズダル, ボッツォーラ『未来派』1977（松田嘉子訳, パルコ出版）
ニーチェ『ツァラトゥストラ』1883-85（吉沢伝三郎訳, ちくま学芸文庫, 他）
ベルクソン『創造的進化』1907（真方敬道訳, 岩波文庫, 他）
田之倉稔『イタリアのアヴァン・ギャルド』（白水社）1981
平井正『ダダ・ナチ』1993-94（せりか書房）
香川檀『ダダの性と身体』（ブリュッケ）1998
塚原史『アヴァンギャルドの時代』（未来社）1997
オルテガ・イ・ガセット『大衆の反逆』1930（神吉敬三訳, ちくま学芸文庫）
ツァラ『ムッシュー・アンチピリンの宣言　ダダ宣言集』1916-1922

【参考文献】

（入手可能な日本語文献に限る．年号は原書出版年）

文庫版序文

ヴィリリオ『自殺へ向かう世界』2003（青山勝・多賀健太郎訳，NTT出版）

デュピュイ『ツナミの小形而上学』2011（嶋崎正樹訳，岩波書店）

ボードリヤール『悪の知性』2004（塚原史・久保昭博訳，NTT出版）

序章

アポリネール『キュビスムの画家たち——美的省察』1913，『アポリネール全集』（鈴木信太郎・渡辺一民編訳，紀伊國屋書店）

フーコー『言葉と物』1966（渡辺一民・佐々木明訳，新潮社）

トドロフ『他者の記号学：アメリカ大陸の征服』1982（及川馥他訳，法政大学出版局）

リオタール『ポストモダンの条件』1979（小林康夫訳，風の薔薇）

リオタール『非人間的なもの』1988（篠原資明・上村博・平芳幸浩訳，法政大学出版局）

フロイト『夢判断』1900（高橋義孝訳，新潮文庫，他）

モース『社会学と人類学』1968（有地亨・山口俊夫訳，弘文堂）

ル・ボン『群衆心理』1895（桜井成夫訳，講談社学術文庫）

ヴィダル＝ナケ『記憶の暗殺者たち』1991（石田靖夫訳，人文書院）

栗原優『ナチズムとユダヤ人絶滅政策』（ミネルヴァ書房）1997

森有正『バビロンの流れのほとりにて』（筑摩書房）1968

ウォーラーステイン『脱＝社会科学』1991（本多健吉・高橋章監訳，藤原書店）

三島憲一・木下康光編『転換期の文学』（ミネルヴァ書房）1999

塚原史『記号と反抗』（人文書院）1998

第1章

リルケ『マルテの手記』1910（大山定一訳，新潮文庫，他）

セリーヌ『夜の果ての旅』1932（生田耕作訳，中公文庫）

本書は二〇〇〇年一〇月二〇日、ちくま新書から刊行された『人間はなぜ非人間的になれるのか』に大幅加筆し、さらに以下の章を加えたものである。

「文庫版序文にかえて――3・11のクロニクル」、「アフタートーク　メディア――現実とイメージの逆転」、「文庫版あとがき」

声と現象
ジャック・デリダ
林好雄 訳

フッサール『論理学研究』の綿密な読解を通して、「脱構築」「痕跡」「差延」「代補」「エクリチュール」など、デリダ思想の中心的"操作子"を生み出す。

省察
ルネ・デカルト
山田弘明 訳

徹底した懐疑の積み重ねから、確実な知識を探り世界を証明づける。哲学入門者が最初に読むべき、近代哲学の源泉たる一冊。詳細な解説付新訳。

哲学原理
ルネ・デカルト
山田弘明／吉田健太郎／久保田進一／岩佐宣明 訳・注解

『省察』刊行後、その知のすべてが記された本書は、デカルト形而上学の最終形態といえる。第一部の新訳と解題・詳細な解説を付す決定版。

方法序説
ルネ・デカルト
山田弘明 訳

「私は考える、ゆえに私はある」。近代以降すべての哲学は、この言葉で始まった。世界中で最も読まれている哲学書の完訳。平明な徹底解説付。

旧体制と大革命
A・ド・トクヴィル
小山勉 訳

中央集権の確立、パリ一極集中、そして平等を自由に優先させる精神構造——フランス革命の成果は、実は旧体制の時代にすでに用意されていた。

ニーチェ
G・ドゥルーズ
湯浅博雄 訳

〈力〉とは差異にこそその本質を有している——ニーチェのテキストを再解釈し、尖鋭なポスト構造主義的イメージを提出した、入門的な小論考。

ヒューム
G・ドゥルーズ／アンドレ・クレソン
合田正人 訳

ロックとともにイギリス経験論の祖とあおがれる哲学者の思想を、二〇世紀に興る現象学的世界観の先どり、《生成》の哲学の嚆矢と位置づける。

カントの批判哲学
G・ドゥルーズ
國分功一郎 訳

近代哲学を再構築してきたドゥルーズが、三批判書を追いつつカントの読み直しを図る。ドゥルーズ哲学が形成される契機となった一冊。新訳。

スペクタクルの社会
ギー・ドゥボール
木下誠 訳

状況主義——「五月革命」の起爆剤のひとつとなった芸術＝思想運動——の理論的支柱で、最も急進的かつトータルな現代消費社会批判の書。

神的な様々の場
ジャン＝リュック・ナンシー
大西雅一郎訳
デリダの思想圏を独創的に継承するナンシー。思考とは単独者の測り知れない重みを測ることだとし、壮大な問題系を切り開く先鋭的な論考。

作者の図像学
ナンシー／フェラーリ
林好雄訳
現代思想の旗手が、バルザック、プルースト、ボルヘス、ジッド、川端康成など、十五枚の肖像をめぐって展開する作者のイコノグラフィー。

存在と時間 上・下
M・ハイデッガー
細谷貞雄訳
哲学の根本課題、存在の問題を、現存在としての人間の時間性の視界から解明した大著。刊行時すでに哲学の古典と称された20世紀の記念碑的著作。

「ヒューマニズム」について
M・ハイデッガー
渡邊二郎訳
『存在と時間』から二〇年、沈黙を破った哲学者の後期の思想の精髄。「人間」ではなく「存在の真理」の思索を促す、書簡体による存在論入門。

ドストエフスキーの詩学
ミハイル・バフチン
望月哲男／鈴木淳一訳
ドストエフスキーの画期性とは何か？《ポリフォニー論》と《カーニバル論》という、魅力にみちた二視点を提起した先駆的著作。（望月哲男）

表徴の帝国
ロラン・バルト
宗左近訳
「日本」の風物・慣習に感嘆しつつもそれらを〈零度〉に解体し、詩的素材としてエクリチュールとシーニュについての思想を展開させたエッセイ集。

エッフェル塔
ロラン・バルト
宗左近／諸田和治訳
伊藤俊治図版監修
塔によって触発される表徴を次々に展開させることで、その創造力を自在に操る、バルト独自の構造主義的思考の原形。解説・貴重図版多数併載。

エクリチュールの零度
ロラン・バルト
森本和夫／林好雄訳註
哲学・文学・言語学など、現代思想の幅広い分野に怖るべき影響を与え続けているバルトの理論的主著。詳註を付した新訳決定版。（林好雄）

映像の修辞学
ロラン・バルト
蓮實重彥／杉本紀子訳
イメージは意味の極限である。広告写真や報道写真、そして映画におけるメッセージの記号を読み解き、意味を探り、自在に語る魅惑の映像論集。

ブリタニカ草稿
エトムント・フッサール
谷 徹 訳
現象学の始祖フッサールが、ブリタニカ百科事典の求めに応じた四つの草稿の集成。成熟した思索において、「現象学とは何か」、その核心を語る。

風土の日本
オギュスタン・ベルク
篠田勝英訳
自然を神の高みに置く一方、無謀な自然破壊をする日本人の風土とは何か？ フランス日本学の第一人者による画期的な文化・自然論。（坂部恵）

空間の日本文化
オギュスタン・ベルク
宮原信 訳
都市などの日本文化特有の有機的な空間性を多面的に検証し、統一的な視座を提出。フランス日本学第一人者による画期的な日本論。（隈研吾）

ベンヤミン・コレクション1
ヴァルター・ベンヤミン
浅井健二郎編訳
久保哲司訳
ゲーテ『親和力』論、アレゴリー論からボードレール論を経て複製芸術論まで、ベンヤミンにおける近代の意味を問い直す、新訳のアンソロジー。

ベンヤミン・コレクション2
ヴァルター・ベンヤミン
浅井健二郎編訳
三宅晶子ほか訳
中断と飛躍を恐れぬ思考のリズム、巧みに布置された理念やイメージ。手仕事的細部に感応するエッセイの思想の新編・新訳アンソロジー、第二集。

ベンヤミン・コレクション3
ヴァルター・ベンヤミン
浅井健二郎編訳
久保哲司訳
過去／現在を思いだすこと——独自の歴史意識に貫かれた《想起》実践の各篇「一方通行路」「ドイツの人びと」「ベルリンの幼年時代」などを収録。

ベンヤミン・コレクション4
ヴァルター・ベンヤミン
浅井健二郎編訳
土合文夫ほか訳
〈批評の瞬間〉における直観の内容をきわめて構成的に叙述したベンヤミンの諸論考——初期の哲学的思索から同時代批評まで——を新訳で集成。

ベンヤミン・コレクション5
ヴァルター・ベンヤミン
浅井健二郎編訳
土合文夫ほか訳
文学、絵画、宗教、映画——主著と響き合い、新たな光を投げかけるベンヤミン〈思考〉の断片を立体的に集成。新編・新訳アンソロジー、待望の第五弾。

ドイツ悲劇の根源（上）
ヴァルター・ベンヤミン
浅井健二郎訳
〈根源〉へのまなざしが、〈ドイツ・バロック悲劇〉という天窓を通して見る、存在と歴史の〈星座〉（状況布置）。ベンヤミンの主著の新訳決定版。

ドイツ悲劇の根源(下)　ヴァルター・ベンヤミン　浅井健二郎訳

上巻「認識批判的序章」「バロック悲劇とギリシア悲劇」に続けて、下巻は「アレゴリーとバロック悲劇」に、関連の参考論文を付して、新編でおくる。

意識に直接与えられたものについての試論　アンリ・ベルクソン　合田正人／平井靖史訳

強度が孕む〈質的差異〉、自我の内なる〈多様性〉からこそ、自由な行為は発露する。後に『時間と自由』の名で知られるベルクソンの第一主著。新訳。

物質と記憶　アンリ・ベルクソン　合田正人／松本力訳

観念論と実在論の狭間でイマージュへと焦点があてられる。心脳問題への関心の中で、今日さらに重要性が高まる、フランス現象学の先駆的著書。

創造的進化　アンリ・ベルクソン　合田正人／松井久訳

生命そして宇宙は「エラン・ヴィタル」を起爆力に、自由な変形を重ねて進化してきた――。生命概念を刷新したベルクソン思想の集大成的主著。

象徴交換と死　J・ボードリヤール　今村仁司／塚原史訳

すべてがシミュレーションと化した高度資本主義像を鮮やかに提示し、〈死の象徴交換〉による、その内部からの〈反乱〉を説く、ポストモダンの代表作。

永遠の歴史　J・L・ボルヘス　土岐恒二訳

巨人ボルヘスの時間論を中心とした哲学的エッセイ集。宇宙を支配する円環的時間を古今の厖大な書物に分け入って論じ、その思想の根源を示す。

経済の文明史　カール・ポランニー　玉野井芳郎ほか訳

市場経済社会は人類史上極めて特殊な制度的所産である――非市場社会の考察を通じて経済人類学に大転換をもたらした古典的名著。（佐藤光）

経済と文明　カール・ポランニー　栗本慎一郎／端信行訳

文明にとって経済とは何か。18世紀西アフリカ・ダホメを舞台に、非市場社会の制度的運営とその原理を明らかにした人類学の記念碑的名著。

暗黙知の次元　マイケル・ポランニー　高橋勇夫訳

非言語的で包括的なもうひとつの知。創造的な科学活動にとって重要な〈暗黙知〉の構造を明らかにしつつ、人間と科学の本質に迫る。新訳。

知恵の樹
H・マトゥラーナ／F・バレーラ
管啓次郎訳
生命を制御対象ではなく自律主体とし、自己創出を良き環と捉え直した新しい生物学。現代思想に影響を与えたオートポイエーシス理論の入門書。

メルロ＝ポンティ・コレクション
M・メルロ＝ポンティ
中山元編訳
意識の本性を探究し、生活世界の現象学的記述を実存主義的に企てたメルロ＝ポンティ。その思想の粋を厳選して編んだ入門のためのアンソロジー。

心身の合一
モーリス・メルロ＝ポンティ
滝浦静雄／中村文郎／砂原陽一訳
近代哲学において最大の関心が払われてきた問題系、心身問題。三つの時代を代表する対照的な哲学者の思想を再検討し、新しい心身観を拓く。

知覚の哲学
モーリス・メルロ＝ポンティ
菅野盾樹訳
時代の動きと同時に、哲学自体もまた大きく転身したことを述べ、それまでの存在論の転回を促す。メルロ自身が語る、メルロ哲学と現代哲学の核心。

命題コレクション 哲学
坂部恵
加藤尚武編
ソクラテスからデリダまで古今の哲学者52名の思想について、日本の研究者がひとつの言葉（命題）を引用しながら丁寧に解説する。

空飛ぶ円盤
C・G・ユング
松代洋一訳
UFO現象を象徴比較や夢解釈を駆使して読み解き、近代合理主義が切り捨てた心的全体性を回復しようとする試み。生前に刊行された最後の著書。

哲学入門
バートランド・ラッセル
高村夏輝訳
誰にも疑えない確かな知識など、この世にあるのだろうか。近代哲学が問い続けてきた諸問題を、これ以上なく明確に説く哲学入門書の最高傑作。

論理的原子論の哲学
バートランド・ラッセル
高村夏輝訳
世界は原子的事実で構成され論理的分析で解明しうる——急速な科学進歩の中で展開する分析哲学。現代哲学史上あまりに名高い講演録、本邦初訳。

場所の現象学
エドワード・レルフ
高野岳彦／阿部隆／石山美也子訳
〈没場所性〉が支配する現代において〈場所のセンス再生の可能性〉はあるのか。空間創出行為を実践的に理解しようとする社会的場所論の決定版。

こどもたちに語るポストモダン
J=F・リオタール
菅啓次郎訳
〈普遍的物語〉の終焉を主張しポストモダンを提唱した著者が、アドルノ、ベンヤミンらを想起し、知のアヴァンギャルドたることを説く10の通信。

ミメーシス 上・下
E・アウエルバッハ
篠田一士／川村二郎訳
ホメーロスからV・ウルフまで、ヨーロッパ文学における現実描写の流れを、犀利な分析・批評により追求した画期的な文学論。

人間の条件
ハンナ・アレント
志水速雄訳
人間の活動的生活を《労働》《仕事》《活動》の三側面から考察し、《労働》優位の近代世界を思想史的に批判したアレントの主著。（阿部齊）

革命について
ハンナ・アレント
志水速雄訳
《自由の創設》をキイ概念としてアメリカとヨーロッパの二つの革命を比較・考察し、その最良の精神を二〇世紀の惨状から救い出す。（川崎修）

暗い時代の人々
ハンナ・アレント
阿部齊訳
自由が著しく損なわれた時代を自らの意思に従い行動し、生きた人々。政治・芸術・哲学への鋭い示唆を含み描かれる普遍的人間論。（村井洋）

資本論を読む（全3巻）
ルイ・アルチュセール他
今村仁司訳
マルクスのテクストを構造論的に把握して画期をなした論集。のちに二分冊化されて刊行された共同研究（一九六五年）の初版形態の完訳。

資本論を読む 上
ルイ・アルチュセール他
今村仁司訳
アルチュセール、ランシエール、マシュレーの論文を収録。古典経済学の「問い」の構造を問い直し、『資本論』で初めて達成された「科学的認識」を剔抉。

資本論を読む 中
ルイ・アルチュセール他
今村仁司訳
アルチュセール「『資本論』の対象」を収録。マルクスのテクストが解析した「対象」の構造を明かし、イデオロギー的歴史主義からの解放を試みる。

資本論を読む 下
ルイ・アルチュセール他
今村仁司訳
マルクス思想の《構造論》的解釈の大冊、完結。バリバール「史的唯物論の根本概念について」、エスタブレ「『資本論』プランの考察」を収載。

哲学について
ルイ・アルチュセール
今村仁司 訳
カトリシズムの救済の理念とマルクス主義の解放の思想との統合をめざしフランス現代思想を領導した孤高の哲学者。その到達点を示す歴史的文献。

スタンツェ
ジョルジョ・アガンベン
岡田温司 訳
西洋文化の豊饒なイメージの宝庫を自在に横切り、愛・言葉そして喪失の想像力が表象に与えた役割をたどる。21世紀を牽引する哲学者の博覧強記。

プラトンに関する十一章
アラン
森進一 訳
『幸福論』が広く静かに読み継がれているモラリスト、アラン。卓越した哲学教師でもあった彼が平易かつ明快にプラトン哲学の精髄を説いた名著。

重力と恩寵
シモーヌ・ヴェイユ
田辺保 訳
「重力」に似たものから、どのようにして免れればよいのか……ただ「恩寵」によって。苛烈な自己無化への意志に貫れた、独自の思索の断想集。ティボン編。

ヴェーユの哲学講義
シモーヌ・ヴェーユ
渡辺一民／川村孝則訳
心理学にはじまり意識・国家・身体を考察するリセ最高学年哲学学級で一年にわたり行われた独創的かつ自由な講義の記録。ヴェーユの思想の原点。

有閑階級の理論
ソースティン・ヴェブレン
高哲男 訳
ファッション、ギャンブル、スポーツに通底する古代略奪文化の痕跡を「顕示的消費」として剔抉した、経済人類学・消費社会論的思索の嚆矢。

論理哲学論考
L・ウィトゲンシュタイン
中平浩司 訳
世界を思考の限界にまで分析し、伝統的な哲学問題すべてを解消する――二〇世紀哲学を決定づけた著者の野心作。生前刊行した唯一の哲学書。新訳。

青色本
L・ウィトゲンシュタイン
大森荘蔵 訳
「語の意味とは何か」。端的な問いかけで始まるこのコンパクトな書は、初めて読むウィトゲンシュタインとして最適な一冊。（野矢茂樹）

大衆の反逆
オルテガ・イ・ガセット
神吉敬三 訳
二〇世紀の初頭、《大衆》という現象の出現とその功罪を論じながら、自ら進んで困難に立ち向かう《真の貴族》という概念を対置した警世の書。

死にいたる病
S・キルケゴール
桝田啓三郎訳
死にいたる病とは絶望であり、絶望を深く自覚し神の前に自己をすてる。実存的な思索の深まりをデンマーク語原著から訳出し、詳細な注を付す。

天国と地獄
ジークフリート・クラカウアー
平井正訳
ブルジョア社会の虚栄の市、ナポレオン三世の成金宮廷、万博の賑わい——一九世紀パリを彩るオペレッタの世界を中心に描く、「都市の伝記」。

ニーチェと悪循環
ピエール・クロソウスキー
兼子正勝訳
永劫回帰の啓示がニーチェに与えたものは、同一性の下に潜在する無数の強度の解放である。二十一世紀にあざやかに蘇る、逸脱のニーチェ論。

哲学事典
W・V・クワイン
吉田夏彦／野崎昭弘訳
現代哲学の巨頭が、「心身」「知識」「真理」から「自由」「ジェンダー」まで、幅広い項目を数頁ずつ軽妙に解説する。読んで楽しい哲学事典。

世界制作の方法
ネルソン・グッドマン
菅野盾樹訳
世界は「ある」のではなく、「制作」されるのだ。芸術・科学・日常経験・知覚など、幅広い分野で徹底した思索を行ったアメリカ現代哲学の重要著作。

新編 現代の君主
アントニオ・グラムシ
上村忠男編訳
労働運動を組織しイタリア共産党を指導したグラムシ。獄中で綴られたそのテキストから、いま読み直されるべき重要な29編を選りすぐり注解する。

ハイデッガー『存在と時間』註解
マイケル・ゲルヴェン
長谷川西涯訳
難解をもって知られる『存在と時間』全八三節の思考を、初学者にも一歩一歩追体験させ、高度な内容を読者に確信させ納得させる唯一の註解書。

色彩論
ゲーテ
木村直司訳
数学的・機械論的近代自然科学と一線を画し、自然の中に「精神」を読みとろうとする特異で巨大な自然観を示した思想家・ゲーテの不朽の業績。

ぼく自身あるいは困難な存在
ジャン・コクトー
秋山和夫訳
ラディゲ、サティ、プルーストら親しい友人たちを回想する魅力的な人物論をちりばめつつ、コクトーの姿と芸術観を浮き彫りにする珠玉エッセー。

レヴィナスを読む 合田正人
アウシュヴィッツという異常な事態を経験した人間の運命と向き合う思想家レヴィナス。その眼差しを通し、他者・責任など時代の倫理を探る。

倫理問題101問 マーティン・コーエン　榑沼範久訳
何が正しいことなのか。医療・法律・環境問題等、私たちの周りに溢れる倫理的なジレンマから101の題材を取り上げて、ユーモアも交えて考える。

哲学101問 マーティン・コーエン　矢橋明郎訳
全てのカラスが黒いことを証明するには？　コンピュータと人間の違いは？　哲学者たちが頭を捻った101問を、譬話で考える楽しい哲学読み物。

マラルメ論 ジャン＝ポール・サルトル　渡辺守章／平井啓之訳
思考の極北で〈存在〉そのものを問い直す形而上学的〈劇〉を生きた詩人マラルメ——固有の方法的批判により文学の存立の根拠をも問う白熱の論考。

存在と無（全3巻） ジャン＝ポール・サルトル　松浪信三郎訳
人間の意識の在り方（実存）をきわめて詳細に分析し、存在と無の弁証法を問い究め、実存主義を確立した不朽の名著。現代思想の原点。

存在と無 I ジャン＝ポール・サルトル　松浪信三郎訳
I巻は、「即自」と「対自」が峻別される緒論「存在の探求」から、「対自」としての意識の基本的在り方が論じられる第二部「対自存在」まで収録。

存在と無 II ジャン＝ポール・サルトル　松浪信三郎訳
II巻は、第三部「対他存在」を収録。私と他者との相剋関係を論じた「まなざし」論をはじめ、愛、憎悪、マゾヒズム、サディズムなど具体的な他者論を展開。

存在と無 III ジャン＝ポール・サルトル　松浪信三郎訳
III巻は、第四部「持つ」「為す」「ある」を収録。この三つの基本的カテゴリーとの関連で人間の行動を分析し、絶対的自由を提唱。（北村晋）

ペンと剣 エドワード・W・サイード　D・バーサミアン聞き手　中野真紀子訳
ポストコロニアル批評の第一人者が『オリエンタリズム』等の自著とパレスチナ問題を語る。幅広い批評領域の真髄と情熱が集約された一冊。

文化と抵抗
エドワード・W・サイード
D・バーサミアン聞き手
大橋／大貫／河野訳
戦争とテロリズム、文化と歴史、抵抗の重要性。オリエンタリズムに異議を唱えてきたサイードが、闘病生活の中で放つ最晩年の肉声。本邦初訳。

公共哲学
マイケル・サンデル
鬼澤忍訳
経済格差、安楽死の幇助、市場の役割など、私達が現代の問題を考えるのに必要な思想とは？ハーバード大講義で話題のサンデル教授の主著初邦訳。

パルチザンの理論
カール・シュミット
新田邦夫訳
二〇世紀の戦争を特徴づける「絶対的な敵」殲滅の思想の端緒を、レーニン・毛沢東らの《パルチザン》戦争という形態のなかに見出した画期的論考。

神秘学概論
ルドルフ・シュタイナー
高橋巖訳
宇宙論、人間論、進化の法則と意識の発達史を綴り、シュタイナー思想の根幹を展開する――四大主著の一冊、渾身の訳し下し。（笠井叡）

神智学
ルドルフ・シュタイナー
高橋巖訳
神秘主義的思考を明晰な思考に立脚した精神科学へと再編し、知性と精神性の健全な融合をめざしたシュタイナーの根本思想。四大主著の一冊。

いかにして超感覚的世界の認識を獲得するか
ルドルフ・シュタイナー
高橋巖訳
すべての人間には、特定の修行を通して高次の認識を獲得できる能力が潜在している。その顕在化のための道すじを詳述する不朽の名著。

自由の哲学
ルドルフ・シュタイナー
高橋巖訳
社会の一員である個人の究極の自由はどこに見出されるのか。思考は人間に何をもたらすのか。シュタイナー全業績の礎をなしている認識論哲学。

治療教育講義
ルドルフ・シュタイナー
高橋巖訳
障害児が開示するのは、人間の異常性ではなく霊性である。人智学の理論と実践を集大成したシュタイナー晩年の最重要講義。改訂増補決定版。

シュタイナーの死者の書
ルドルフ・シュタイナー
高橋巖訳
死後の生活の諸相、霊界の構造、魂のあり方などを人智学的世界観に即して解説する。死者と生者を架橋するシュタイナー初期の重要講義。

人智学・心智学・霊智学
ルドルフ・シュタイナー
高橋巖訳
身体・魂・霊に対応する三つの学が、霊視霊聴を通じた存在の成就への道を語りかける。人智学協会の創設へ向け最も注目された時期の率直な声。

ジンメル・コレクション
ゲオルク・ジンメル
北川東子編訳
鈴木直訳
都会、女性、モード、貨幣をはじめ、取っ手や橋・扉にまで哲学的思索を向けた「エッセーの思想家」の姿を一望する新編・新訳のアンソロジー。

否定的なもののもとへの滞留
スラヴォイ・ジジェク
酒井隆史／田崎英明訳
ラカンの精神分析手法でポストモダン的状況を批評してきた著者が、この大部なる主著でドイツ観念論に対峙し、否定性を生き抜く道を提示する。

宴のあとの経済学
E・F・シューマッハー
長洲一二監訳
伊藤拓一訳
『スモール イズ ビューティフル』のシューマッハー最後の書。地産地消を軸とする新たな経済共同体の構築を実例をあげ提言する。（中村達也）

悲劇の死
ジョージ・スタイナー
喜志哲雄／蜂谷昭雄訳
現実の「悲劇」性が世界をおおい尽くしたとき、劇形式としての悲劇は死を迎えた。二〇世紀の悲惨を目のあたりにして描く、壮大な文明批評。

反解釈
スーザン・ソンタグ
高橋康也他訳
《解釈》を偏重する在来の批評に対し、《形式》を感受する官能美学の必要性をとき、理性や合理主義に対する感性の復権を唱えたマニフェスト。

孫臏兵法
金谷治訳・注
『史記』『漢書』に記載されながら、二千年にわたって姿を隠していた幻の兵書の全訳。戦国時代を反映した、人間の生死を賭けた知恵と行動の原理。

言葉にのって
ジャック・デリダ
林好雄／森本和夫／本間邦雄訳
自らの生涯をたどり直しながら、現象学やマルクスとの関係、嘘、赦し、歓待などのテーマについて肉声で語った、デリダ思想の到達点。本邦初訳。

死を与える
ジャック・デリダ
廣瀬浩司／林好雄訳
キルケゴール『おそれとおののき』、パトチュカ『異教的試論』などの詳細な読解を手がかりに、デリダがおそるべき密度で展開する宗教論。

ちくま学芸文庫

20世紀《せいき》思想《しそう》を読《よ》み解《と》く
人間《にんげん》はなぜ非《ひ》人間的《にんげんてき》になれるのか

二〇一一年一一月十日　第一刷発行

著者　塚原史（つかはら・ふみ）
発行者　熊沢敏之
発行所　株式会社　筑摩書房
東京都台東区蔵前二―五―三　〒一一一―八七五五
振替〇〇一六〇―八―四一二三

装幀者　安野光雅
印刷所　株式会社精興社
製本所　株式会社積信堂

乱丁・落丁本の場合は、左記宛に御送付下さい。
送料小社負担でお取り替えいたします。
ご注文・お問い合わせも左記へお願いします。
筑摩書房サービスセンター
埼玉県さいたま市北区櫛引町二―六〇四　〒三三一―八五〇七
電話番号　〇四八―六五一―〇〇五三

ISBN978-4-480-09414-8 C0110